Sabine Börchers
101 Ausflüge ohne Auto

SABINE BÖRCHERS

101 AUSFLÜGE OHNE AUTO

IN RHEIN-MAIN

societäts\verlag

Farbsystem/Legende

Ab ins Grüne	→	🟢
Anschauen	→	🔵
Ausruhen & genießen	→	🔴
Bummeln	→	🟡
Kunst erleben	→	⚪
Sich führen lassen	→	🟣
Spiel & Sport	→	🔵

3. Auflage
Alle Rechte vorbehalten • Societäts-Verlag
© 2023 Frankfurter Societäts-Medien GmbH
Satz: Bruno Dorn, Societäts-Verlag
Umschlaggestaltung: Bruno Dorn, Societäts-Verlag
Druck und Verarbeitung: Finidr Printing House
Printed in EU 2023

ISBN 978-3-95542-433-6

Besuchen Sie uns im Internet:
www.societaets-verlag.de

INHALTSVERZEICHNIS

Vorwort 9

Ab ins Grüne

01 Bad Homburg **Kurpark** 13
02 Bad Nauheim **Gradierwerk** 15
03 Bad Nauheim **Sprudelhof** 17
04 Darmstadt **Prinz-Georg-Garten** 19
05 Dietzenbach **Aussichtsturm** 21
06 Eppstein **Bergpark Villa Anna** 23
07 Eppstein **Panorama-Rundweg** 25
08 Eschborn **Arboretum** 27
09 Flörsheim **Weilbacher Kiesgruben** 29
10 Frankfurt **Alter Flugplatz Bonames** 31
11 Frankfurt **Hauptfriedhof** 33
12 Frankfurt **Mainfähre** 35
13 Frankfurt **Kobelt-Zoo** 37
14 Frankfurt **Nidda-Altarme** 39
15 Frankfurt **Oberschweinstiege** 41
16 Frankfurt **Schmetterlinge im Palmengarten** 43
17 Frankfurt **Zoo** 45
18 Hanau **Schloss Philippsruhe** 47
19 Hattersheim **Rosarium** 49
20 Hohemark **Keltenwanderung** 51
21 Hohemark **Taunuswanderung** 53
22 Mühlheim **Dietesheimer Klippen** 55
23 Niederjosbach **Wanderung** 57
24 Offenbach **Wetterpark** 59
25 Rüsselsheim **Verna-Park** 61
26 Wiesbaden **Schloss Biebrich** 63

Anschauen

27	Bad Homburg **Schloss**	65
28	Darmstadt **Bahnwelt**	67
29	Darmstadt **Bioversum**	69
30	Eppstein **Burg**	71
31	Frankfurt **Bibelhaus**	73
32	Frankfurt **Deutsche Nationalbibliothek**	75
33	Frankfurt **Eintracht Frankfurt Museum**	77
34	Frankfurt **Flughafenterrasse**	79
35	Frankfurt **Geldmuseum**	81
36	Frankfurt **Höchster Schloss**	83
37	Frankfurt **Justinuskirche**	85
38	Frankfurt **Klassikstadt**	87
39	Frankfurt **Stadion**	89
40	Frankfurt **Verkehrsmuseum**	91
41	Friedberg **Burg**	93
42	Friedberg **Wetterau-Museum**	95
43	Glauburg-Glauberg **Keltenwelt**	97
44	Hanau **Karussell**	99
45	Hanau **Puppen- und Spielzeugmuseum**	101
46	Heusenstamm **Pfarrkirche St. Cäcilia**	103
47	Mainz **Fastnachtsmuseum**	105
48	Mainz **Römisches Theater**	107
49	Mainz-Kastel **Museum Castellum**	109
50	Messel **Grube Messel**	111
51	Oberursel **Dampfbahnclub**	113
52	Offenbach **Digital Retro Park**	115
53	Offenbach **Deutsches Ledermuseum**	117
54	Rüsselsheim **Festung**	119
55	Wiesbaden **Frauenmuseum**	121
56	Zeppelinheim **Zeppelin-Museum**	123

Ausruhen & genießen

- **57** Darmstadt **Weststadtcafé** ... 125
- **58** Eppstein **Wunderbar Weite Welt** ... 127
- **59** Hanau **Bahnhof Wilhelmsbad** ... 129
- **60** Obertshausen **Café Pur** ... 131
- **61** Wiesbaden **Café Maldaner** ... 133

Bummeln

- **62** Bad Soden **Hundertwasserhaus** ... 135
- **63** Buchschlag **Gartenstadt** ... 137
- **64** Darmstadt **Mathildenhöhe** ... 139
- **65** Darmstadt **Waldspirale** ... 141
- **66** Frankfurt **Die neue Altstadt** ... 143
- **67** Frankfurt **Ebbelwei-Express** ... 145
- **68** Frankfurt **Höchster Schlossplatz** ... 147
- **69** Frankfurt **Im Mittelpunkt** ... 149
- **70** Frankfurt **Neues Frankfurt** ... 151
- **71** Frankfurt **Petrihaus** ... 153
- **72** Hanau **Steinheim** ... 155
- **73** Hochheim **Altstadt** ... 157
- **74** Königstein **Altstadt** ... 159
- **75** Kronberg **Viktoriapark** ... 161
- **76** Mainz **Walk of Fame** ... 163
- **77** Oberursel **Altstadt** ... 165
- **78** Offenbach **Blauer Kran** ... 167
- **79** Offenbach **Historisches Zentrum** ... 169
- **80** Seligenstadt **Altstadt** ... 171

Kunst erleben

81 Frankfurt **DZ-Kunstsammlung** 173
82 Frankfurt **Porzellan-Museum** 175
83 Kronberg **Villa Winter** 177
84 Mainz **St. Stephanskirche** 179
85 Rüsselsheim **Opelvillen** 181
86 Wiesbaden **Caligari FilmBühne** 183
87 Wiesbaden **Hessisches Landesmuseum** 185

Sich führen lassen

88 Bad Vilbel **FFH** 187
89 Bad Vilbel **Hassia** 189
90 Hanau **Hafen** 191
91 Mainz **ZDF** 193
92 Oestrich-Winkel **Brentanohaus** 195
93 Rüsselsheim **Opelwerk** 197
94 Wiesbaden **Hessischer Landtag** 199

Spiel & Sport

95 Darmstadt **Großer Woog** 201
96 Darmstadt **Jugendstilbad** 203
97 Frankfurt **Brentanobad** 205
98 Frankfurt **Eissporthalle** 207
99 Frankfurt **Hafenpark** 209
100 Frankfurt **Waldspielpark** 211
101 Wehrheim **Lochmühle** 213

Bildnachweis 214
Die Autorin 215
RMV Schnellbahnplan 216

VORWORT

Ein Kurzausflug am Wochenende, das ist im Rhein-Main-Gebiet kein Problem. Schließlich ist die Auswahl an Freizeitangeboten in einem der größten Ballungsräume Europas riesig. Doch nicht jeder verfügt über ein Auto, und selbst wenn, dann heißt es: Ziele planen, das Navi programmieren, fahren und am Ende womöglich noch einen Parkplatz suchen. Und umweltfreundlich ist das auch nicht gerade. Warum also nicht lieber das bestens ausgebaute Netz des öffentlichen Nahverkehrs nutzen, mit dem man im Rhein-Main-Gebiet viele attraktive Ziele leicht erreicht und um so entspannter ankommt. Immerhin gibt es allein neun Linien mit 111 S-Bahn-Stationen in der Region, dazu noch die Regionalzüge, die man ebenfalls mit dem Ticket des Rhein-Main-Verkehrsverbundes (RMV) nutzen kann, und nicht zu vergessen, die U-Bahn in Frankfurt und die Straßenbahnen in Frankfurt, Mainz und Darmstadt.

Wir haben uns für dieses Buch also auf die Schiene begeben – mit Frankfurt im Zentrum bis nach Bad Nauheim und zum Glauberg im Norden, nach Hanau im Osten, in den Rheingau, nach Mainz und Wiesbaden im Westen und nach Darmstadt im Süden. Als Grundlage diente der Schnellbahnplan des RMV, auf dem alle U- und S-Bahn-Linien sowie einige Regionalbahnen verzeichnet sind und der auf den letzten Seiten dieses Buches abgebildet ist. Nur bei drei Ausflügen im Buch gehen die Orte einige Kilometer über die Grenzen des Planes hinaus, aber weder der Rheingau, noch Bad Nauheim oder das ZDF auf dem Lerchenberg durften im Buch fehlen, wie wir fanden.

Natürlich liegen nicht alle Ziele direkt neben dem Bahnhof. Sie sind aber bis auf wenige Ausnahmen höchstens einen Kilometer davon entfernt, so dass sie mit einem Spaziergang von einer Viertelstunde bis maximal 20 Minuten – je nach Geschwindigkeit – erreichbar sein sollten. Das Ziel war es, zu zeigen, wie vielfältig das Rhein-Main-Gebiet ist, wie viele ganz unterschiedliche Dinge man hier unternehmen kann – vom Tag am Meer bis zum Walk of Fame, vom Ausflug in die Natur des Taunus, zu Schlössern und Burgen bis hin zum Besuch eines Fastnachtsmuseums oder der Besichtigung des Opelwerks. Die einzelnen Rubriken weisen ihnen dazu den Weg.

In Frankfurt sind auch die großen Museen selbstverständlich mit der Bahn erreichbar. Wir haben aber bewusst vermieden, alle allseits bekannten Ausflugsziele aufzunehmen und uns lieber auf die verborgeneren, weniger prominenten konzentriert. Auch sehr überlaufene oder allzu schwer zugängliche Orte wie das European Space Operation Centre (ESOC) in Darmstadt, Europas Tor zum Weltraum, sind nicht im Buch zu finden. Manchmal sind es nur ganz kleine Dinge, die es zu entdecken gibt, wie etwa den Mittelpunkt der Mainmetropole Frankfurt, manchmal sollte man mehrere Stunden für ein Ziel einplanen. Viele Ausflüge lassen sich auch gut kombinieren, weil sie im gleichen Ort oder nur eine Bahnstation auseinander liegen. Alle Informationen zu den Öffnungszeiten und Preisen finden Sie in den jeweiligen Infokästen oder unter den genannten Internetadressen.

Wer ohnehin ein Ticket für das gesamte RMV-Gebiet besitzt, kann natürlich direkt einsteigen. Für alle anderen gilt: am Automaten das jeweilige Ziel eingeben. Auf www.rmv.de oder mit der RMV-App kann man auch vorab die passende Verbindung und den entsprechenden Tarif heraussuchen und sogar bereits die Tickets kaufen. Eine Tageskarte, die es ermäßigt auch für Kinder gibt, bietet sich an, da sie etwas weniger als das Doppelte einer Einzelfahrkarte kostet. Sind Sie in der Gruppe mit bis zu fünf Personen unterwegs, lohnt sich eine Gruppentageskarte, bei fünf Personen und weiter entfernten Zielen wie Oestrich-Winkel sogar ein Hessenticket. Weitere, auch lokale Angebote, wie etwa die mainzcardplus oder die Darmstadt Card, mit der man Bahnen nutzen kann und dazu noch Vergünstigungen bei den Eintrittskarten bekommt, sind ebenfalls auf www.rmv.de verzeichnet.

Ich danke dem Societäts-Verlag für die gute Zusammenarbeit, dem RMV für die hilfreiche Kooperation, allen Institutionen, die mir Informationen und Fotos zur Verfügung gestellt haben, Carmen Christina Benfer für die Unterstützung bei der Bildrecherche, und darüber hinaus meinem Mann Thorsten Willig, der mit mir viele Orte besucht und Fotos beigesteuert sowie alle Bilder bearbeitet hat. Wir können Ihnen nur empfehlen, sich mithilfe unseres Buchs auf Entdeckungsreise durch die spannende Region zu begeben. Es lohnt sich!

Sabine Börchers,
im April 2020

P.S.
Dieses Buch ist vor der Corona-Krise konzipiert und geschrieben worden. Autorin wie Verlag hoffen, dass alle Orte und Angebote, die im Folgenden präsentiert werden, die schwierige aktuelle Phase unbeschadet überstehen und möglichst bald zur Normalität zurückkehren können. Allen Leserinnen und Lesern empfehlen wir, vor dem Start von Touren oder Ausflügen Öffnungszeiten und Zugang der Ziele zu überprüfen.

Station **Bad Homburg**, S-Bahn-Linie S5

BAD HOMBURG KURPARK
Kaiser-Friedrich-Promenade
61348 Bad Homburg vor der Höhe

www.bad-homburg-tourismus.de
www.kur-royal.de

01 BAD HOMBURG **KURPARK**
Mondänes Pflaster

Anfang des 19. Jahrhunderts stieg Bad Homburg zum weltbekannten Kurort auf. Die Heilquellen, die idyllische Lage und die Spielbank zogen ab 1850 gekrönte Häupter wie Österreichs Kaiserin Sissi, aber auch Schriftsteller wie Oscar Wilde und Fjodor Dostojewski in die Stadt. Der königlich preußische Gartenbaudirektor Peter Joseph Lenné schuf auf 44 Hektar den entsprechenden Park dazu, der noch heute erhalten und denkmalgeschützt ist. Der Weg dorthin führt vom Bahnhof aus Richtung Norden. Man geht die Bahnhofstraße entlang und über die Fußgängerbrücke. Dann weiter die Friedrichstraße geradeaus, bis man den Park erreicht. Dort läuft man auf die goldglänzende Zwiebelkuppel der russischen Kapelle von 1899 zu. Sie erinnert daran, dass viele russische Gäste in den mondänen Kurort kamen. So auch der Geheime Staatsrat Alexander von Poworoff, der die Mittel für den Bau beschaffte. Entworfen hat sie der Sankt Petersburger Architekt Leonti Benois, Großvater des Schauspielers Peter Ustinov.

Von dort aus geht man am besten weiter Richtung Norden durch den Park, vorbei am Stahlbrunnen, dem ersten Brunnen, den die Spielbankgesellschaft 1841 bohren ließ, und der Spielbank, bis zum repräsentativen Kaiser-Wilhelm-Bad, in dem schon Bismarck und der thailändische König, Rama V., kurten. Heute kann man dort sehr edel in der Sauna oder im Heubad entspannen. Der König des damaligen Siam bedankte sich 1907 bei den Bad Homburgern mit dem prächtigen Tempel „Sala-Thai", der im Nordwesten des Parks steht, gleich hinter einer weiteren Besonderheit: dem ältesten Tennisplatz auf dem europäischen Kontinent.

Die russische Kapelle ist bei den Parkführungen an jedem 1. Samstag und 3. Dienstag im Monat um 15 Uhr zu besichtigen (Treffpunkt Kaiser-Wilhelm-Bad).

02 BAD NAUHEIM **GRADIERWERK**
Ein Tag am Meer

Stimmt, das Meer liegt vom Rhein-Main-Gebiet etwas weiter entfernt. Im Kurpark Bad Nauheim kann man sich aber zumindest die frische salzige Brise um die Nase wehen lassen. Man muss nur an den hohen Wänden der Gradierbauten entlangschlendern. Das sind bis zu zehn Meter hohe Holzgerüste mit Schwarzdornbündeln, die im 18. Jahrhundert zur Salzgewinnung genutzt wurden. Heute tropft dort das salzhaltige Quellwasser an den Ästen herab. Durch Wind und Sonne verdunstet ein Teil davon und der Salzgehalt in der Luft steigt – zur Freude der Atemwege. Und wenn sich in der Morgensonne dazu noch das Licht in den Millionen Tröpfchen bricht, freuen sich nicht nur die.

Vom Bahnhof aus läuft man die Bahnhofsallee hinunter bis zur Ludwigstraße, geht diese links etwa 250 Meter entlang und biegt dann links in die Zanderstraße ein, die direkt in den Park und auf der linken Seite zu einem der Gradierbauten führt. Dort sollte man unbedingt das Inhalatorium besuchen, das die Atemwege so richtig frei macht. Zu verdanken ist das der Bad Nauheimer Sole, die in der 40 Quadratmeter großen Kammer vernebelt wird. Die Salzkristalle gelangen somit in die feinsten Verästelungen der Bronchien und sollen bei regelmäßigem Besuch Beschwerden lindern.

An heißen Sommertagen sorgen die Gradierbauten aber auch einfach für wunderbare Abkühlung. Im Gesundheitsgarten, in dem etwas weiter südlich gelegenen zweiten Gradierbau, werden weitere Sinne angeregt. Zudem gibt es dort Sand, ein Kneippbecken und Strandkörbe für noch ein wenig mehr Strandfeeling.

Geöffnet vom 1. April bis 31. Okt. täglich von 10 bis 18 Uhr. Der Eintritt kostet 3,30 Euro.

Bahnhof **Bad Nauheim**, RB/RE

STIFTUNG SPRUDELHOF BAD NAUHEIM
Nördlicher Park 3
61231 Bad Nauheim

www.sprudelhof.de
www.bad-nauheim.de

03 BAD NAUHEIM **SPRUDELHOF**
Ewige Jugend

Nicht nur Elvis Presley lebte hier, als er in Friedberg bei der US-Army stationiert war. Früher galt Bad Nauheim als beliebtes Ziel prominenter Kurgäste. Ob Otto von Bismarck, die Kaiserin Sissi oder der Zar von Russland, sie alle genossen die heilsame Wirkung der Kohlensäure im Wasser des Kurbades. Ab 1905 entstand dafür der sogenannte Sprudelhof, eine Trinkkuranlage mit Innenhof, Badehäusern, Wandelgängen und einer Konzertmuschel. Die Anlage gilt heute als eines der eindrucksvollsten Ensembles des Jugendstils.

Vom Bahnhof aus ist der Sprudelhof schnell erreicht. Vorher sollte man sich aber mal kurz umdrehen, denn auch dieser ist ein Jugendstilbau. Dann geht es die Bahnhofsallee etwa 200 Meter hinunter. Jenseits der Ludwigstraße erreicht man die oberste Stufe einer Freitreppe und blickt bereits auf die prächtige Anlage mit den floral gestalteten Uhrtürmen. Sechs Badehäuser mit Wartesälen und 264 Badezellen gruppieren sich um den Hof mit seinen zwei Sprudeln. Sie sind im Original erhalten. Eine Stiftung kümmert sich heute darum, dass dies so bleibt. Die Anlage ist frei zugänglich, die üppig mit Ornamenten, Mosaik und Buntglasfenstern ausgestalteten Badehäuser und -zellen sowie das prächtige Fürstenbad sind bei einer „Jugendstilführung" zu besichtigen.

Hinter dem Sprudelhof beginnt der vom Gartenarchitekten Heinrich Siesmayer angelegte Kurpark, der ebenfalls sehenswert ist. Jenseits des Parks steht dann auch ein Elvis-Presley-Memorial und etwas weiter südlich, an der Burgpforte, kann man sich dort fotografieren, wo der „King" einst für ein Plattencover posierte.

Die etwa zweistündigen Führungen sind täglich außer Di. und Do. um 15 Uhr. Sie kosten 7, ermäßigt 6 Euro. Treffpunkt ist die Bad Nauheim Stadtmarketing und Tourismus GmbH, In den Kolonnaden 1.

Station **Willy-Brandt-Platz** oder **Pallaswiesenstraße**, Straßenbahn-Linie 4/5

PRINZ-GEORG-GARTEN
Schlossgartenstraße 6b
64289 Darmstadt

www.darmstadt.de

04 DARMSTADT **PRINZ-GEORG-GARTEN**
Zwischen Blumen und Gemüse

Wandeln zwischen Rosen und Roter Bete: Der Prinz-Georg-Garten ist ein deutschlandweit einzigartiger Lust- und Nutzgarten, der von Landgraf Ernst Ludwig Ende des 17. Jahrhunderts angelegt und im 18. Jahrhundert zum Rokoko-Kleinod verfeinert wurde. Der längere, aber lohnenswerte Weg zum Ziel führt vom Willy-Brandt-Platz aus durch den weitläufigen Herrngarten, einen englischen Landschaftspark. Man kann aber auch an der Haltestelle Pallaswiesenstraße aussteigen, sich Richtung Süden halten und erreicht durch die Schloßgartenstraße das schmiedeeiserne Tor, hinter dem man das Prinz-Georg-Palais, gerne auch Porzellanschlösschen genannt, umrunden muss, um die volle Pracht des Gartens zu sehen.

Bereits im 18. Jahrhundert standen in den Beeten nicht nur Rosen und Rittersporn, sondern auch Äpfel, Birnen, Kräuter und Kopfsalat. Schon damals lustwandelten Landgrafen und sogar Wilhelm I., künftiger deutscher Kaiser, sowie seine Schwester Charlotte, künftige Zarin von Russland, zwischen Blumen und Gemüse. Heute wachsen rund 30.000 Pflanzen auf den 18.000 Quadratmetern.

Lange ist das noch nicht so. Die barocke Pracht litt schwer unter der Not der Menschen im Zweiten Weltkrieg. Von der ursprünglichen Küchengarten-Bepflanzung blieb kaum etwas übrig. Die Verwaltung der Staatlichen Schlösser und Gärten Hessens rekonstruierte erst 1995 Schritt für Schritt das historische Antlitz des Gartens. Dank der ebenfalls sanierten Fassade des Pretlackschen Gartenhauses wähnt man sich heute an sonnigen Tagen am Mittelmeer. Im Porzellanschlösschen kann man die Großherzoglich-Hessische Porzellansammlung bestaunen.

Geöffnet: März bis Okt. täglich von 7 bis 19 Uhr, Nov. bis Febr. von 8 bis 16 Uhr. Gemüse wird von Mai bis Okt. mittwochs und freitags von 10 bis 12.30 Uhr verkauft. Im Pretlackschen Gartenhaus gibt es eine Bibliothek mit Lesesaal zur freien Nutzung.

Station **Dietzenbach Bahnhof**,
S-Bahn-Linie S2

AUSSICHTSTURM
Jungfern-Wingert-Str. 5
63128 Dietzenbach

www.dietzenbach.de

05 DIETZENBACH **AUSSICHTSTURM**
Ballett der Bewegung

Von weitem sieht der Turm aus wie ein riesiger Korkenzieher, der im Boden steckt. Deshalb ist er vom Bahnhof aus auch kaum zu verfehlen. Insgesamt einen Kilometer, also etwa eine Viertelstunde, geht es Richtung Westen über den Platz der Republik, die Hügelstraße entlang und schließlich links in die Rathenaustraße. Nach etwa 250 Metern geht man rechts in die Bergstraße. An ihrem Ende überquert man die Darmstädter Straße und nimmt gegenüber einen Fußgängerweg, der Am Wingertsberg herauskommt. Dort geht es rechts bis zum Hainer Pfad, an dessen Ende es links etwa 200 Höhenmeter den Wingertsberg – übrigens die zweithöchste Erhebung im Kreis Offenbach – hinaufgeht.

Nun trennen einen nur noch 119 Stufen von der wohl schönsten Aussicht im Süden Frankfurts. Bei klarem Wetter schweift der Blick über den Taunus mit dem Feldberg, bleibt im Vordergrund an der Frankfurter Skyline hängen und erreicht im Osten den Spessart. Blickt man nach oben, kann man zudem das obere Rad des Turmes wie einen Hula-Hoop-Reifen im Wind drehen sehen. „Ballett der Bewegung" hat der Frankfurter Architekt Prof. Wolfgang Rang sein 33 Meter hohes Werk genannt, das zum Hessentag 2001 eingeweiht wurde. Die Dietzenbacher gaben ihm den Spitznamen „Helikopterturm".

Anschließend kann man im Panorama-Restaurant am Fuße des Turms einkehren. Auf dem Rückweg zum Bahnhof sollte man an Dietzenbachs „Klagemauer" Halt machen. Beidseits der Lindenstraße haben Künstler der Stadt die grauen Mauern verziert. Dort sind verschiedene Sehenswürdigkeiten, aber auch Tiere, Blumen und die bunten Hände von 1.714 Dietzenbachern zu sehen.

Geöffnet ganzjährig bis zum Einbruch der Dunkelheit.

Station **Eppstein**,
S-Bahn-Linie S2

BERGPARK VILLA ANNA
Am Stadtbahnhof 1
65817 Eppstein

www.vve-eppstein.de/
betreute-objekte/
bergpark-villa-anna

06 EPPSTEIN **BERGPARK VILLA ANNA**
Park mit Gefälle

Der Weg in den Bergpark Villa Anna ist nur ein Katzensprung. Wer von Frankfurt aus mit der S-Bahn in Eppstein ankommt, muss rüber aufs andere Gleis. Von dort aus geht es ein Stück das Gleis entlang und dann nur noch über die Straße. Auf der anderen Seite führt ein asphaltierter Weg den Berg hinauf, und ein Schild zeigt an, wann es rechts in den Bergpark geht.

Es gibt nur zwei Parks in Hessen, die sich Bergpark nennen, wobei derjenige in Kassel Wilhelmshöhe der größte dieser Art in Europa ist. Der Bergpark Villa Anna auf dem Jähenberg ist kleiner, aber auf seinen etwa 10 Hektar entfaltet sich ein märchenhaftes Gelände mit Mammutbäumen und liebevoll gestalteten Gebäuden. Der Verschönerungsverein Eppstein kümmert sich um die Erhaltung und hat einen 2,5 Kilometer langen Rundweg gestaltet. Er führt mitten durch den Wald, vorbei am Schweizer Häuschen und hinauf zum Neufvilleturm, einem verwunschenen gotischen Turm mit Zinnen, der seit drei Jahren leider geschlossen ist, aber neu belebt werden soll. Denn die Aussicht von dort auf Eppstein und die Burg muss wunderbar sein.

Benannt ist er nach dem Frankfurter Kaufmann und Bankier Alfred von Neufville, der um 1900 seinen Sommersitz in Eppstein einrichtete. Die Villa Anna benannte er nach seiner Frau. Das Haus wird derzeit von jugendlichen Flüchtlingen bewohnt. Das benachbarte Kavaliershaus und das unterhalb stehende Kutscherhaus sind beliebte Fotomotive, ebenso wie eine künstliche Kapellenruine, ein Marienrelief oder das Taubenhaus. Es gibt vieles zu erkunden auf dem historischen Areal.

Ganzjährig geöffnet.

Station **Eppstein**, S-Bahn-Linie S2

PANORAMA-RUNDWEG EPPSTEIN

www.ich-geh-wandern.de/
panoramarundweg-eppstein-taunus

07 EPPSTEIN **PANORAMA-RUNDWEG**
Wanderung mit Aussicht

Für geübte Wanderer bietet der Panoramaweg rund um Eppstein wunderschöne Aussichten auf die Stadt, die Burg und den westlichen Taunus. Allerdings muss man auf dem zweieinhalbstündigen Weg Steigungen von insgesamt fast 400 Metern einkalkulieren. Dabei geht es dreimal in die Höhe und wieder ins Tal. Dafür gibt es aber so gut wie keinen Anmarschweg. Der Rundgang beginnt gleich hinter dem Bahnhof und dem Gleis 2. Dort ist auch eine ausführliche Infotafel aufgestellt, die den Weg erläutert. Zunächst geht es den Theodor-Fliedner-Weg hinauf zum Malerplatz, auf dem früher die Kronberger Maler ihre Staffelei aufstellten und die Aussicht einfingen.

Oberhalb der Bahngleise geht es am Rande des Kriegerwaldes nach Süden, vorbei an der Burgvilla Bauer und über die Rödelbergbrücke wieder hinunter in den Ort. Dort muss man die Lorsbacher Straße und den Schwarzbach überqueren, dann geht es rechts in die Müllerwiese und in die Staufenstraße. Nach steilem Aufstieg erreicht man den Wald und geht auf dem Sonnenweg Richtung Kaisertempel, wo es ein schönes Ausflugslokal gibt. Ein Abstecher zum 100 Meter entfernten Mendelssohn-Felsen – dort soll der Komponist eines seiner Lieder geschrieben haben – gehört dazu. Abwärts geht es Richtung Fischbach, mit einem Blick ins Tal, dann aber wieder zurück nach Eppstein, in die Gimbacher Straße. Nach einem Schlenker nach Norden auf der Höhe der B455 geht es ins Wellbachtal und wieder hinauf zum Bienroth, bis man dort kehrtmacht und über den Ortsrand von Vockenhausen in die Eppsteiner Altstadt zurückkehrt. Dort kann man vor der Heimfahrt noch die Burg besuchen.

Ganzjährig begehbar.

Station **Eschborn**, S-Bahn-Linien S3, S4

ARBORETUM
Am Weißen Stein
65824 Schwalbach

www.hessen-forst.de/arboretum/

08 ESCHBORN **ARBORETUM**
Lauter Bäume

Im Wald spazieren, das geht an vielen Orten. Aber wo kann man schon zugleich eine Weltreise auf 76 Hektar unternehmen? Im Arboretum zwischen Schwalbach, Sulzbach und Eschborn liegen Nordamerika, Mitteleuropa und Kleinasien ganz nah beieinander – oder besser stehen, in Form von Bäumen und Sträuchern. Mehr als 600 verschiedene Arten sind hier zu finden, von den Mammutbäumen Nordamerikas bis hin zu 17 verschiedenen Eichenarten. Der Weg vom Bahnhof führt über den Parkplatz, die Schwalbacher Straße ein Stück nach links und dann hinein in die Sulzbacher Straße. Diese führt nach etwa zehn Gehminuten und einer Fußgängerbrücke über die Landstraße direkt zum Waldhaus mit Kindergarten, das schon mitten im Arboretum liegt.

Man steht dort übrigens auf historischem Boden. Zwischen 1937 und 1945 war das Gelände Fliegerhorst der deutschen Luftwaffe. Nach dem Krieg diente es den US-Amerikanern als Flugplatz, bis der Frankfurter Flughafen wieder in Betrieb ging. Später nutzten die Bundespost und das Technische Hilfswerk das Areal, bis es 1981 vom Land als Ersatz-Aufforstungsgelände für die Erweiterung des Frankfurter Flughafens bepflanzt wurde.

Dabei wurden die Bäume nicht vereinzelt gesetzt, sondern sie bilden in Gruppen 36 typische Waldgebiete der Erde nach. Damit sie nicht erfrieren, wurden dafür diejenigen Waldgesellschaften ausgewählt, die sich den klimatischen Bedingungen des Main-Taunus-Kreises anpassen können. Zwischen den kleinen „Wäldern" sind Streuobst- und Blumenwiesen angelegt. Auch einen Lehrpfad für Gesteine und einheimische Bäume gibt es.

Jederzeit zugänglich. Es gibt geführte Wanderungen und ein vielfältiges Programm.

Station **Eddersheim**, S-Bahn-Linie S1

WEILBACHER KIESGRUBEN
Frankfurter Straße 76
65439 Flörsheim am Main

www.regionalpark-rheinmain.de

09 FLÖRSHEIM **WEILBACHER KIESGRUBEN**
Wo die Wildesel wohnen

Von der S-Bahn-Station sind es nur ein paar Meter die Weilbacher Straße entlang, dann geht es rechts den ersten Weg hinein, und schon ist man im Naturschutzgebiet. Die ehemaligen Weilbacher Kiesgruben wurden in den 1980er Jahren renaturiert und sind seit 2011 Teil des Regionalparks Rhein-Main. Heute leben dort vom Aussterben bedrohte Kröten und seltene Vogelarten. Deshalb darf man das Gebiet auch nicht betreten, kann aber daran entlangwandern. Immer wieder gibt es hölzerne Aussichtstürme, die einen Blick in die große „Ruhezone", etwa auf den Silbersee, die größte ehemalige Kiesgrube des Geländes, ermöglichen. Wer Glück hat, kann einen Blick auf die vom Aussterben bedrohten Wildesel, die sogenannten Kulane, oder ein paar Kaschmirziegen werfen, die halb wild hinter dem Zaun leben.

Man läuft den Weg bis zum Ende, biegt links ab und umrundet so das Gelände. Auf der gegenüberliegenden Seite angekommen, sieht man schon von Weitem den 2012 eröffneten Regionalparkturm. Auf seiner Plattform in 27 Metern Höhe, für die man 170 Stufen erklimmen muss, hat man einen tollen Blick auf die Kiesgrubenlandschaft, auf die Frankfurter Skyline und den Taunus. Ein Abstecher zum Naturschutzhaus und dem Besucherzentrum am Fuße des Turms lohnt sich ebenfalls. Dort gibt es viele Informationen über die Kiesgruben, Ausstellungen, Spielmöglichkeiten wie einen Barfußpfad sowie das Gasthaus Zum Wilden Esel mit schöner Terrasse. Folgt man dem Weg weiter herum um das Naturschutzgebiet, stößt man auf das „Haus des Dichters", ein Landschaftskunstwerk des Regionalparks, und von dort wieder auf die Hauptstraße, die zurück zum Bahnhof führt.

Das Besucherzentrum ist geöffnet von Di. bis Do. 10 bis 17 Uhr, Fr. bis So. 10 bis 18 Uhr.

Station **Frankfurt Kalbach**, U-Bahn-Linie U2

ALTER FLUGPLATZ BONAMES
Am Burghof 55
60437 Frankfurt

www.tower-cafe.de
www.feuerwehrmuseum-frankfurt.de

10 FRANKFURT **ALTER FLUGPLATZ BONAMES**
Natur und Historisches

Wo noch vor der Jahrtausendwende die Hubschrauber der US-Army lärmten, hat die Natur in wenigen Jahren unweit der Nidda eine grüne Oase geschaffen. Die zuständigen Landschaftsarchitekten haben dafür 2005 sogar einen Preis des Bundes Deutscher Landschaftsarchitekten bekommen – und das für einen Flughafen! Sie hatten die Landebahn des früheren Maurice-Rose-Flugfeldes aufgebrochen und der Natur ihren Lauf gelassen, immer unter den kritischen Blicken so mancher Anwohner.

Lediglich ein kleines Stück glatter Asphalt der Landebahn hat die Maßnahme überstanden und dient heute den Inline-Skatern als Übungsplatz und Kindern als Fahrradstrecke. Aus dem Hangar wurde eine Konzerthalle, aus dem Tower ein Café mit Platz für bis zu 120 Personen und einer großen Terrasse. Gleich nebenan zeigt das Feuerwehrmuseum Frankfurt historische Löschfahrzeuge, Helme und Uniformen. Wer genügend darin gestöbert hat, kann sich einige Meter weiter im Weidenlabyrinth austoben. Ein grünes Klassenzimmer für Schulklassen und Kindergartengruppen ergänzt das Angebot.

Es empfiehlt sich, von der Stadt aus kommend, in den letzten Wagen der U-Bahn zu steigen. An der Station geht es gegen die Fahrtrichtung links in eine kleine Straße. Dann links in den Unteren Kalbacher Weg einbiegen, ihn bis zum Ende laufen und dort rechts abbiegen in die Straße Am Burghof und ihr folgen. Nach knapp zehn Minuten erreicht man das Gelände. Ein Spaziergang bis zur neu angelegten Niddabrücke, die den Namen Robert-Gernhardt-Brücke trägt, darf dabei übrigens nicht fehlen. Schließlich wartet dort das Frankfurter Grüngürteltier.

Das Tower Café hat geöffnet von Mo. bis Sa. 11.30 bis 18 Uhr, bei gutem Wetter bis Sonnenuntergang. Das Feuerwehrmuseum von Mitte März bis Oktober jeden Sonntag von 9.30 bis 12.30 Uhr oder nach Voranmeldung.
Der Eintritt beträgt 4 Euro für Erwachsene und 2 Euro für Kinder.

Station **Hauptfriedhof**, U-Bahn-Linie U5

FRANKFURTER HAUPTFRIEDHOF
Eckenheimer Landstraße 194
60320 Frankfurt

www.frankfurter-hauptfriedhof.de

11 FRANKFURT **HAUPTFRIEDHOF**
Park der Toten

Die U-Bahn hält direkt vor dem Tor. Von der Station aus ist das neue Portal des Hauptfriedhofs bereits zu sehen. Man überquert die Eckenheimer Landstraße und betritt den gut 70 Hektar großen Park für die Toten. Mit den angrenzenden jüdischen Friedhöfen bildet er einen der größten Friedhofskomplexe Deutschlands. Rund 60.000 Gräber sind hier versammelt. Wie kein anderer Ort der Stadt erzählt der 1828 eröffnete Hauptfriedhof die Geschichte Frankfurts und ihrer Menschen.

Zahlreiche Berühmtheiten liegen dort begraben. Wer ihre Gräber sehen möchte, dem empfiehlt sich eine Führung. Man kann aber auch auf eigene Faust die Vielfalt der Grabstätten erkunden. Nachdem man die Trauerhalle passiert hat, geht es rechts in den historischen Teil. Man geht durch Gewann A bis E, in denen unter anderem der Brauereigründer Conrad Binding (F), der Philosoph Arthur Schopenhauer (A) und Goethes Geliebte, Marianne von Willemer (D), begraben sind. Fast an der Friedhofsmauer liegt links das viel besuchte Paulinchen-Grab (C). Pauline Schmidt war Heinrich Hoffmanns Vorbild für das Mädchen aus dem Struwwelpeter.

Im nördlichen Teil, am Ende des Lindenwegs, erhebt sich das Mausoleum Gans, die größte Grabstätte des Hauptfriedhofs, erbaut von dem Industriellen Friedrich Ludwig von Gans. Heute werden dort Urnenbestattungen vorgenommen und man kann hineingehen. Am Ende der Christusdornallee steht eine Säule mit sieben Namen. Sie waren Opfer des Luftschiff-Unglücks von Lakehurst am 6. Mai 1937. Damals ging die „Hindenburg", die von der Rhein-Main-Basis gestartet war, nach der Atlantiküberquerung in Flammen auf.

Geöffnet: Nov.-Febr. 7 bis 17 Uhr, März, Okt. 7 bis 18 Uhr, April, Sept. 7 bis 20 Uhr, Mai bis August 7 bis 21 Uhr, Sonn- und Feiertage ab 9 Uhr.
Unter https://friedhof-frankfurt.de/friedhoefe/staedtische-friedhoefe/hauptfriedhof/ hat das Friedhofsamt eine Karte mit Gräbern bekannter Persönlichkeiten zusammengestellt.

Station **Frankfurt-Höchst**,
S-Bahn-Linien S1, S2

MAINFÄHRE HÖCHST
Batterie
65929 Frankfurt-Höchst

www.mainfaehrefrankfurt.de

12 FRANKFURT **MAINFÄHRE**
Ab auf die Düne

Die letzte Fähre auf Frankfurter Stadtgebiet bringt heute nur noch Radler und Spaziergänger das ganze Jahr über zuverlässig ans andere Ufer. Seit 1623 ist ein Fährbetrieb zwischen Höchst und Schwanheim überliefert. Vor dem Bau der Leunabrücke in den 1990er Jahren war sie eine wichtige Verbindung für den Autoverkehr. Heute zählt sie zum Rundweg des Frankfurter Grüngürtels.

Die Fahrt lohnt sich auch für einen einzelnen Ausflug in die Schwanheimer Düne. Vom S-Bahnhof aus läuft man die gegenüberliegende Antoniterstraße herunter, biegt in der Bolongarostraße links ein und geht auf der anderen Straßenseite rechts den Burggraben hinein auf den Schlossplatz. Dort folgt man dem Weg durch das Zolltor, der hinunter zum Main führt. Dann sind es nur noch ein paar Schritte bis zum Anleger, von dem aus die Fähre pendelt.

Auf der Schwanheimer Seite kann man zunächst eine kleine Rast unter den Linden einlegen. Die etwas weiter mainabwärts stehende „Tillylinde" erinnert an die historische Schlacht bei Höchst im Jahr 1622, als die siegreichen kaiserlichen Truppen unter Feldmarschall Tilly dort lagerten. Anschließend geht es den Höchster Weg entlang und nach etwa 500 Metern den Feldweg rechts hinein, der direkt auf die Schmitt'sche Grube, in der in der Nachkriegszeit Sand abgebaut wurde, und die Düne zuführt. Die 58,5 Hektar große Binnendüne ist einzigartig in der Region. Dünen dieser Art sind im Binnenland ohnehin selten zu finden. Über einen Bohlenweg kann man das Naturschutzgebiet mit zum Teil vom Aussterben bedrohten Tier- und Pflanzenarten durchqueren. Verlassen darf man ihn nicht.

Die Fähre ist täglich, außer mittwochs, ab 9 Uhr in Betrieb. Im Sommer fährt sie bis 18 Uhr, im Winter bis 17 Uhr, am Wochenende kürzer. Die Überfahrt kostet einen Euro, für Kinder bis 11 Jahre 50 Cent.

Station **Rheinlandstraße**,
Straßenbahn-Linien 12, 19

KOBELT-ZOO
Schwanheimer Bahnstraße 5
60529 Frankfurt

www.kobelt-zoo.de

13 FRANKFURT **KOBELT-ZOO**
Tiergarten mit Herz

Am Rande des Schwanheimer Waldes, gleich hinter dem Verkehrsmuseum, hört man Ziegen meckern, Affen kreischen und Papageien schreien. Im Kobelt-Zoo können Großstadt-Kinder Ponys, Schafe, Esel und Schweine aus der Nähe sehen oder manche sogar streicheln. Rund 300 Tiere leben auf dem 1,7 Hektar großen Areal, das nach dem Mediziner und Naturforscher Prof. Dr. Wilhelm Kobelt benannt ist. Seine Freunde hatten sich nach seinem Tod vor rund 100 Jahren zusammengeschlossen, um einen Verein zu gründen und einen Teil der heutigen Anlage zu pachten.

Diese erreicht man, indem man von der Haltestelle aus um das Verkehrsmuseum (siehe S. 90) herumgeht, links in die Schwanheimer Bahnstraße einbiegt und nach wenigen Metern links den Wirtschaftsweg nimmt. Schon steht man an der Ponykoppel und kann einen Rundgang vorbei an Uhus, Fasanen, dem Waschbärgehege und dem Schlangenhaus bis zum Streichelzoo und zu den Kängurus unternehmen. Die kommen übrigens nicht aus Australien, sondern aus einem Waldpark in Finsterwalde. Exotische Tiere gibt es im Kobelt-Zoo nur wenige. Dafür ist die ausschließlich von Ehrenamtlichen mit viel Herzblut betriebene Einrichtung eher eine Heimat für „Tiere mit Geschichte", wie der Verein gerne sagt. Immer wieder kommen sie aus nicht artgerechter Haltung in den Kobelt-Zoo. So können auch Zucht-Eber oder andere in die Jahre gekommene Tiere ihren Lebensabend bei guter Pflege genießen. Viele der Ehrenamtlichen, die heute mit anfassen, waren als Kinder schon im Kobelt-Zoo zu Besuch. Bis heute finanziert sich die Einrichtung ausschließlich aus Spenden.

Geöffnet vom 1. Mai bis 30. Sept., immer samstags von 14 bis 19 Uhr, sonntags von 10 bis 19 Uhr. Der Eintritt ist frei.

Station **Frankfurt-Nied**,
S-Bahn-Linien S1, S2

ALTARME DER NIDDA
Krumme Weiden / Grüne Weide
65934 Frankfurt

14 FRANKFURT **NIDDA-ALTARME**
Auenlandschaft

Zwischen Griesheim und Nied gibt es noch sieben Altarme der Nidda. Ein bisschen versteckt liegt diese Wald-Auenlandschaft, ist daher aber um so hübscher und idyllischer. Von der S-Bahn-Station ist es ein kleiner Fußweg, der aber durchaus reizvoll ist, weil er an Wiesen mit Pferden vorbeiführt. Vom Bahnsteig aus geht man die Oeserstraße etwa 250 Meter nach rechts, überquert die Schienen und biegt kurz darauf links ab. Die kleine Seitenstraße macht einen Bogen, links liegt der Georgshof, auf dem der Frankfurter Polo Club seine Spiele austrägt. Wer möchte, kann ein paar Meter weiter eine der Stichstraßen links nehmen und gelangt direkt zum Niddaufer, an dem ein Weg an den Auen vorbei verläuft. Man kann aber auch die Straße mit dem schönen Namen „Krumme Weiden" weitergehen, einmal rechts und gleich wieder links abbiegen. Dann kommt man in eine der Eisenbahnersiedlungen der Stadt, mit eindrucksvollen und ziemlich gut sanierten Häusern, die zwischen 1918 und 1947 erbaut wurden. Am Ende der Straße geht es in die Waldlandschaft und zum frei zugänglichen Selzerbrunnen, einem 38 Meter tiefen Mineralbrunnen, dessen Wasser eisenhaltig und chloridreich ist.

Der Weg führt dann ebenfalls zur Nidda weiter und schließlich zum Grill'schen Altarm, dem mit 29.000 Quadratmetern größten Altarm im Niedwald. Man kann noch weiter an der Nidda entlangspazieren und, wenn man möchte, sie am alten Wehr überqueren und auf der Sossenheimer Seite zurücklaufen. Auch dort gibt es noch zwei kleine Altarme, den „Holler", benannt nach einem früheren Pächter, und den „Kollmann-Weiher" mit seinem steilen Ufer.

Jederzeit zugänglich.

Station **Oberschweinstiege**,
Straßenbahn-Linie 17

STADTWALDHAUS
Isenburger Schneise
60528 Frankfurt

www.stadtwaldhaus-frankfurt.de

15 FRANKFURT **OBERSCHWEINSTIEGE**
Flora, Fauna & Komische Kunst

Heute noch fährt die Frankfurter Straßenbahnlinie 17 durch den Stadtwald bis nach Neu-Isenburg – auf der Strecke der früheren Frankfurter Waldbahn, einer Dampfstraßenbahn, die 1889 in Betrieb ging. Sogar das aus dieser Zeit stammende Bahnhofsgebäude in Neu-Isenburg ist noch erhalten.

Wer an der Oberschweinstiege aussteigt, muss sich entscheiden, ob er erst in die Natur gehen oder sich darüber informieren möchte. Das geht im StadtWaldHaus, zu dem man etwa 800 Meter die Oberschweinstiegschneise in südlicher Richtung läuft. Am Ende muss man sich etwas rechts halten. Das Glashaus mit seinem grünen Dach und dem Eichenstamm in der Mitte steht auf der Fläche der früheren Fasanerie, in der nach dem Krieg tatsächlich Fasane als Insektenvertilger gezüchtet wurden. Durch eine Baumtür geht es in eine interaktive Ausstellung über den Wald als Lebensraum. Draußen gibt es Wildgehege und Volieren mit Wildschweinen, Hirschen, Waschbären und natürlich Fasanen.

Geht man von der Bahnstation aus nördlich, kann man um den Jacobiweiher – übrigens nicht nur ein Paradies für Graureiher und Kormorane, sondern auch mit sechs Hektar Wasserfläche das größte Stillgewässer der Stadt – herumlaufen, was sich trotz der darüber liegenden Einflugschneise des Frankfurter Flughafens lohnt. Man trifft dort auf Flora, Fauna und Komische Kunst. Am Nordufer steht der „Pinkelbaum", am Südwestufer eine Eule im Norwegerpullover, im Nordosten Frankfurts „Speakers Corner" – alle gestaltet vom Frankfurter Zeichner und Autor F. K. Waechter. Am nördlichen Ende des Weihers liegt das traditionelle Ausflugslokal Oberschweinstiege.

Öffnungszeiten StadtWaldHaus: Nov. bis Februar Mo. bis Do. von 9 bis 16, Sa. von 12 bis 16 und So. von 10 bis 16 Uhr. März bis Oktober Mo. bis Do. 9 bis 16 Uhr, Sa. 12 bis 18 Uhr, So. 10 bis 18 Uhr. Der Waldladen ist Di. und Do. von 15 bis 18 Uhr, von Okt. bis Dez. zusätzlich jeden 1. und 3. Samstag, von 9 bis 13 Uhr geöffnet. Der Eintritt ist frei.

Station **Frankfurt-Bockenheimer Warte**,
U-Bahn-Linien U4, U6, U7

PALMENGARTEN FRANKFURT
Siesmayerstraße 61
60323 Frankfurt

www.palmengarten.de

16 FRANKFURT
SCHMETTERLINGE IM PALMENGARTEN
Tropische Schönheiten

Die neuste Attraktion des Palmengartens ist das Blüten- und Schmetterlingshaus, das zum 150-jährigen Bestehen des Gartens 2021 eröffnet wurde. Man wählt dafür den westlichsten Ausgang der U-Bahn, geht die Bockenheimer Landstraße bis zur Palmengartenstraße, in den Garten und dort immer geradeaus, bis am Ende links das große Gewächshaus liegt. Wenn man durch den Kettenvorhang dort eintritt, flattern einem Himmels- oder Bananenfalter vor die Nase. Man kann den Puppen der Tiere sogar beim Schlüpfen und ersten Entfalten ihrer farbenprächtigen Schuppenflügel zusehen. In einem schützenden Glaskasten werden die Puppen, die zum größten Teil aus Zuchtfarmen in tropischen Ländern stammen, aufgehängt. Einige Falterarten vermehren sich aber auch direkt vor Ort an den jeweiligen Futterpflanzen. Damit sich die Tiere wohlfühlen, haben die Palmengärtner das 360 Quadratmeter große Warmhaus mit Hibiskus, Bananenstauden und bis zu drei Meter hohen Ficus-Pflanzen üppig ausgestattet. Viele sind aus Stecklingen selbst gezogen. Futterstellen mit Obst und speziell gemischtem Nektar locken die Schmetterlinge an.

Die Besucher können aber nicht nur die prachtvollen Falter bewundern, gleich nebenan in einem 290 Quadratmeter großen gläsernen Ausstellungsraum gibt es viel über den ökologischen, ökonomischen und kulturellen Wert der Insekten und ihrer Bestäubung zu sehen. Sie können zudem erfahren, wie sie selbst Insekten schützen und welche Auswirkungen ein Rückgang der Bestäubervielfalt auf ihr eigenes alltägliches Leben hat. Nach dem Motto: Keine Bienen, nichts im Bembel.

Geöffnet wieder ab Februar 2022 täglich von 9 bis 16 Uhr
Der Eintritt in den Garten kostet 7 Euro, ermäßigt 3 Euro.

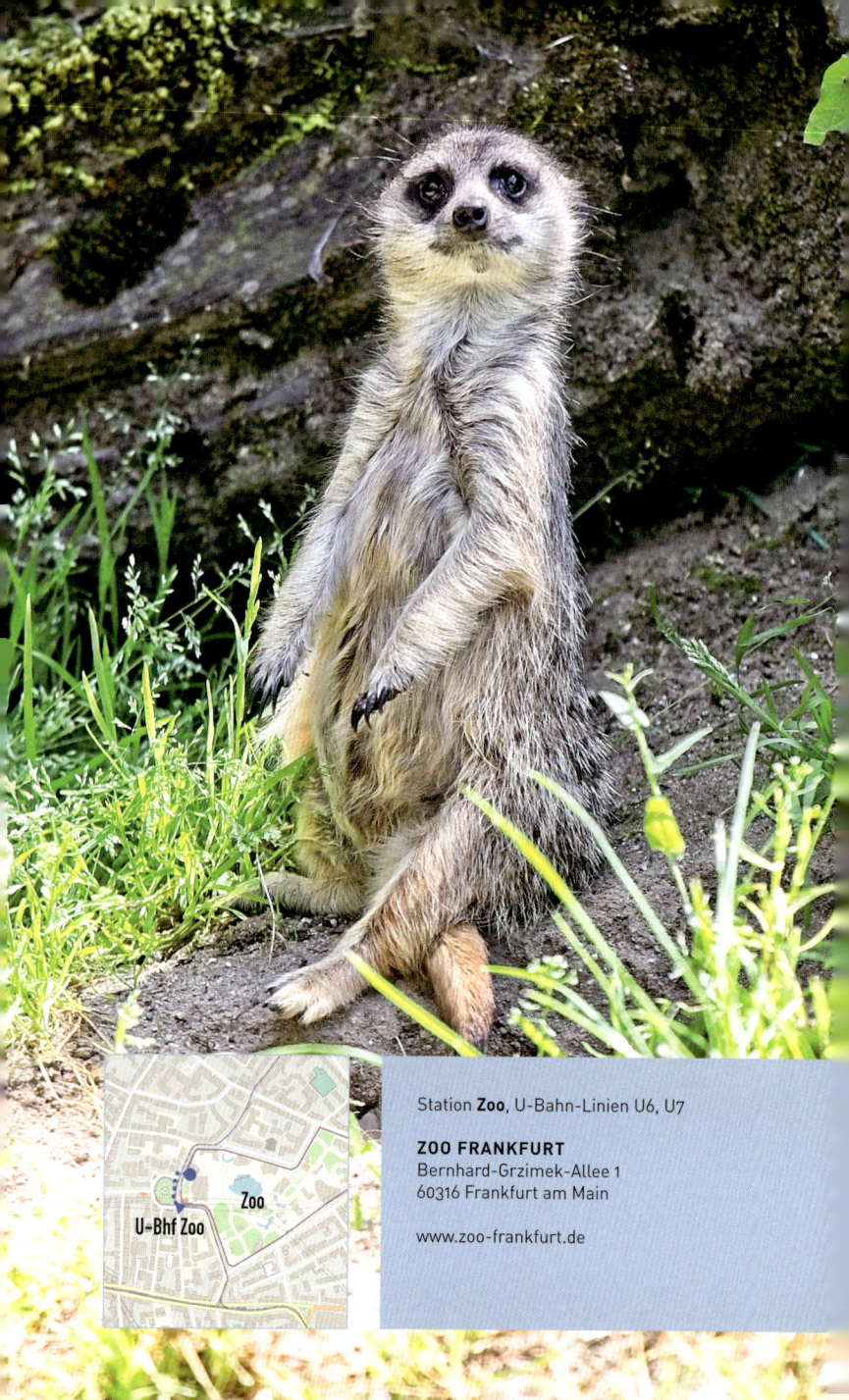

Station **Zoo**, U-Bahn-Linien U6, U7

ZOO FRANKFURT
Bernhard-Grzimek-Allee 1
60316 Frankfurt am Main

www.zoo-frankfurt.de

17 FRANKFURT **ZOO**
Tiere erleben – Natur bewahren

Schon in der U-Bahn-Station werden die Besucher von Tieren empfangen. Da hoppeln Hasen entlang der Schienen und treffen Nashörner auf Flamingos – freilich nur als Wandmalerei. Die echten Tiere warten ein paar Schritte weiter über der Erde. Und da hat sich der Zoo in den vergangenen Jahren ganz schön gemausert, auch wenn immer noch einige Gehege veraltet sind, weil sie aus der Zeit stammen, als der legendäre Prof. Bernhard Grzimek dort Direktor war.

Den Anfang machte der Borgori-Wald, ein großes Haus für die Menschenaffen, in dem Orang-Utans und auch Bonobos wie die mittlerweile betagte Margrit – sie ist das älteste Säugetier des Zoos – gut zu beobachten sind. Das Ukumari-Land, das 2013 eröffnet wurde, teilen sich Brillenbären, Brüllaffen und Ameisenbären als Wohngemeinschaft. Weil der 1858 gegründete Frankfurter Zoo mitten in der Innenstadt mit seinen elf Hektar nur eine begrenzte Fläche zur Verfügung hat, aber immerhin 450 Tierarten beherbergt, wird über eine weitere Vergesellschaftung nachgedacht, auch, weil es den Tieren mehr Abwechslung bietet. Natur- und Artenschutz sind heute wichtige Aspekte im Zoo. So arbeitet dieser eng mit der Zoologischen Gesellschaft Frankfurt, einer der engagiertesten Naturschutzorganisationen weltweit, zusammen.

Die neuste Attraktion ist die fast 2.000 Quadratmeter große Pinguin-Anlage, in der Humboldt-Pinguin-Paare ganzjährig in einer Außenanlage leben. Der Besucher läuft nicht einfach am Becken vorbei, er kann sie beim Schwimmen beobachten, auf einer Landzunge fast im Gehege stehen und sogar in Höhlen mit Unterwassereinblick hineinschauen.

Öffnungszeiten: Winter: tägl. 9 bis 18 Uhr; Sommer: 9 bis 19 Uhr. Eintritt: Erwachsene 12 Euro, Kinder von 6 bis 17 Jahren 6 Euro, Familien 29 Euro. Führungen, auch für Gruppen, nach Voranmeldung unter (069) 212-36952.

Bahnhof **Hanau West**, RB/RE

SCHLOSS PHILIPPSRUHE
HISTORISCHES MUSEUM HANAU
Philippsruher Allee 45
63454 Hanau

www.philippsruhe.hanau.de
www.museen-hanau.de

18 HANAU **SCHLOSS PHILIPPSRUHE**
Ein Schloss – drei Museen

Geht man vom Westbahnhof aus eine Viertelstunde die Philippsruher Allee entlang, läuft man am Ende, den Main linker Hand, geradewegs auf das repräsentative Barockschloss zu. Einen ähnlichen Blick dürften die Landgrafen bei ihrer Anreise per Kutsche gehabt haben. Das prächtige schmiedeeiserne Tor mit vergoldeten Schnörkeln ließ allerdings erst Friedrich Wilhelm von Hessen-Rumpenheim 1879 in Paris entwerfen. Ihm war das Schloss zugefallen, da der letzte Kurfürst, Friedrich Wilhelm von Hessen-Kassel, dessen Familie das Schloss wiederum von den Grafen von Hanau geerbt hatte, keine legitimen Nachkommen vorweisen konnte.

Der Landgraf beschloss mit 55 Jahren, Philippsruhe als Alterssitz zu nutzen. Dafür gab er große Umbauten und Erweiterungen in Auftrag und ließ unter anderem dekorative Öfen einbauen. Seine Vorgänger hatten diese nie benötigt, da sie das Schloss nur als Sommerresidenz nutzten. Fünf Jahre lang wurde umgebaut, dann lebte der Schlossherr noch vier Jahre in seiner neuen Residenz, bevor er starb.

Heute gehört sie der Stadt Hanau. Der fürstliche Reihersaal mit prächtigen Wandtapeten ist Trausaal und bei Brautpaaren sehr beliebt. Zudem gibt es im Haus gleich drei Museen, eines zur Stadt-, Kultur- und Kunstgeschichte, eines zur Geschichte des Papiertheaters und seit April 2019 das GrimmsMärchenReich. Darin können Kinder ab vier Jahren durch unterschiedliche Märchenwelten reisen. Im Amphitheater am Ende des zwar kleinen, aber dank der Landesgartenschau 2002 wieder feinen englischen Landschaftsparks finden jeden Sommer zudem die Brüder-Grimm-Märchenfestspiele statt.

Geöffnet sind die drei Museen Di. bis So. von 11 bis 18 Uhr. Der Eintritt kostet 4 Euro, ermäßigt 3 Euro.

Station **Hattersheim** (Main),
S-Bahn-Linie S1

ROSARIUM HATTERSHEIM
Wasserwerkchaussee
65795 Hattersheim am Main

www.hattersheim.de
www.bahnsinn-hattersheim.de

19 HATTERSHEIM **ROSARIUM**
Rosig und schick

Wenn man den Bahnhof in südlicher Richtung zur Untertorstraße hin verlässt, dann links in die Voltastraße einbiegt und schließlich rechts den Hessendamm etwa 400 Meter hinuntergeht, stößt man rechts auf die von 1907 stammende Wasserwerkchaussee. Diese wunderschöne Lindenallee mit Kopfsteinpflaster ist einzigartig in der Region. Doch sie ist nicht das eigentliche Ziel dieses Ausflugs, den man am besten im Sommer unternimmt: An ihrer linken Seite liegt ein Paradies für Blumenfreunde. Das Rosarium wurde 1997 als erstes Projekt des Regionalparks Rhein-Main angelegt und soll an die Tradition des Rosenanbaus in Hattersheim erinnern. Mehr als 100 Jahre lang wurden Schnittrosen von dort aus in alle Welt versandt.

Heute blühen im Sommer auf 1,3 Hektar mehr als 6.500 Rosen. Besonders schön ist die 6,50 Meter hohe Rosenpyramide in der Mitte des Geländes, die über und über mit Kletterrosen berankt ist. Man findet hier außerdem mehr als 100 verschiedene Sorten, wie Wasserrosen oder die Hattersheimer Züchtungen „Wilhelm Kauth" und „Gretel Greul" aus den 1930er Jahren. Eine neue Züchtung, eine reich blühende Kartoffelrose, wurde im Sommer 2000 nach dem Rosarium Hattersheim benannt.

Wer dieses für einen abendlichen Spaziergang genutzt hat, der kann anschließend auf einen Cocktail oder einen Burger ins „Bahnsinn" auf den Bahnhofsplatz 1 einkehren. Die „Bar mit Anschluss" ist im ehemaligen Güterschuppen des Bahnhofs untergebracht, der auf zwei Etagen modern ausgebaut wurde. Auf der Empore stehen gemütliche Sofas zum Ausruhen.

Jederzeit zugänglich. Das „Bahnsinn" ist geöffnet: Di.-Do. und So. von 19 bis 23 Uhr, Fr. und Sa. von 19 Uhr bis open end.

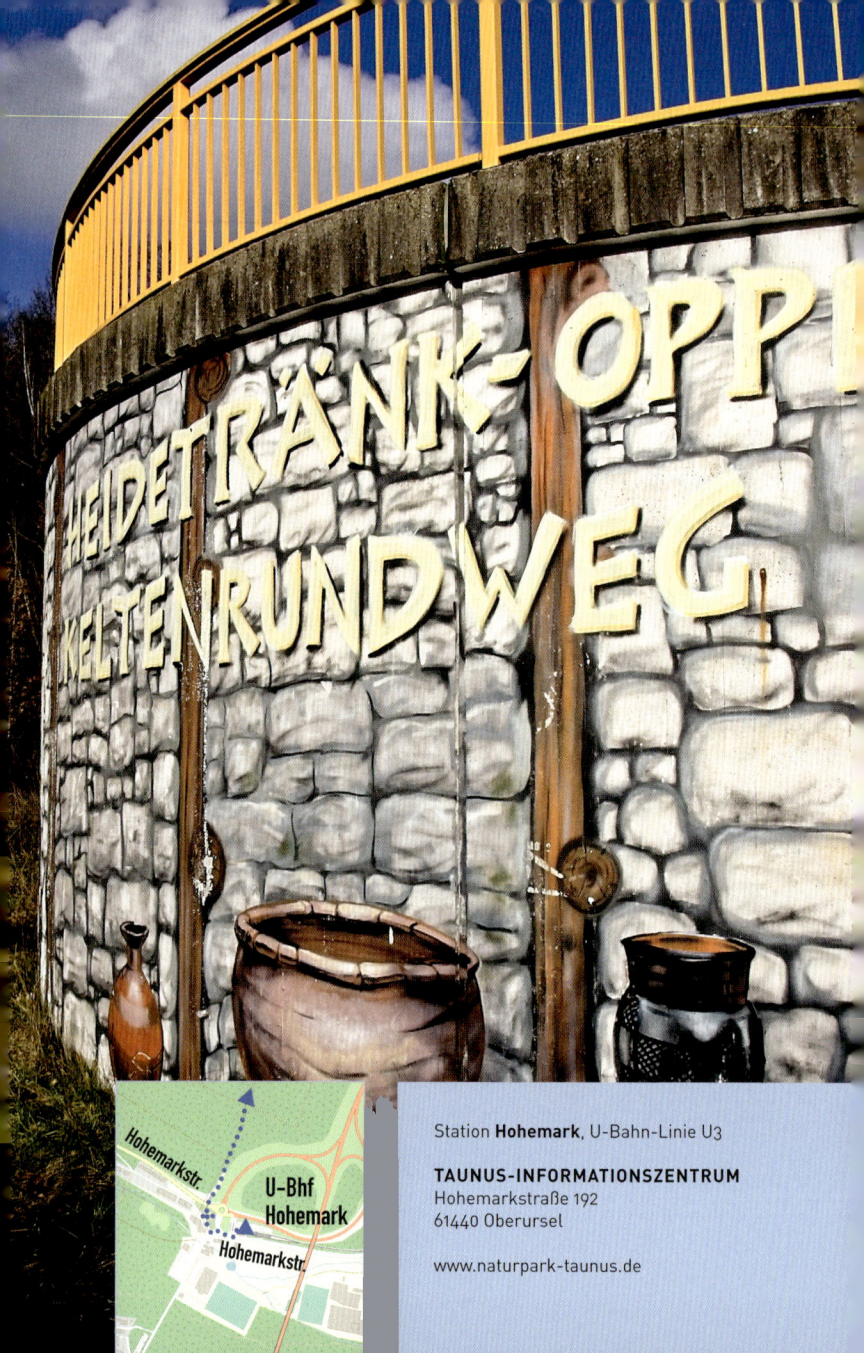

20 HOHEMARK **KELTENWANDERUNG**
Auf die Goldgrube

In Oberursel gibt es eine U-Bahn-Station mit Waldanschluss. Wer bis Hohemark fährt, steigt mitten im Taunus aus. Und das hat Tradition. Seit 1899 fuhr eine dampfbetriebene Kleinbahn, die sogenannte Gebirgsbahn, Ausflügler bereits von Oberursel zur Hohemark. Heute kann man von dort aus zahlreiche Wanderrouten einschlagen. Ein historisch besonders interessanter ist der knapp fünf Kilometer lange Kelten-Rundwanderweg.

Zuvor bereitet eine Einkehr ins Taunus-Informationszentrum jenseits der Hohemarkstraße auf die Geschichte des Naturparks und seine Wandermöglichkeiten vor. Die Besucher können selbst zu Naturforschern werden oder ihre Kondition testen.

Auf den Spuren der Kelten geht es links über den Parkplatz zum Beginn des Rundweges, der mit dem stilisierten Kopf eines Kelten gekennzeichnet ist. Nach dem Überqueren der Hohemarkstraße per Fußgängerbrücke läuft man den Brückenweg hinauf und links in den Keltenweg. Nach etwa eineinhalb Kilometern biegt man rechts ab und geht hinauf zur Schönen Aussicht. Wer vorher rechts abbiegt und einige Meter weiterläuft, kann einen Blick auf eine schöne Felsformation werfen. Zurück zur Anhöhe „Goldgrube", steht man vor den Überresten einer bedeutenden Keltensiedlung, die hier in den letzten Jahrhunderten vor Christi Geburt lag. Das Heidetränk-Oppidum umfasste 130 Hektar und war eines der größten spätkeltischen Zentren im heutigen Hessen. Der Wall, der es umgab, ist heute noch erkennbar, wie auch seine Ausdehnung bis zur nächsten Kuppe. 16 Informationstafeln auf dem Weg, der nun wieder hinunterführt, erläutern die Überreste.

Das Taunus-Informationszentrum ist geöffnet vom 1. Nov. bis 30. April Di. bis Fr. 10 bis 15 Uhr, Sa., So. 10 bis 16 Uhr, vom 1. Mai bis 31. Oktober Di. bis Fr. 10 bis 16 Uhr, Sa. und So. 10 bis 18 Uhr. Der Eintritt ist frei.

Station **Hohemark**, U-Bahn-Linie U3

TAUNUS-INFORMATIONSZENTRUM
Hohemarkstraße 192
61440 Oberursel

www.naturpark-taunus.de

21 HOHEMARK **TAUNUSWANDERUNG**
Der Klassiker

Der Klassiker unter den Wanderungen im Taunus führt natürlich auf den Feldberg. Auch sie kann man bequem per U-Bahn starten, die einen schon mal auf 300 Meter bringt. Der Aufstieg bis auf 880 Meter bleibt einem aber nicht erspart. Insgesamt schafft man den Weg in gut fünf Stunden. Wer sich zuvor einstimmen oder eine passende Wanderkarte erhalten möchte, sollte im Taunus-Informationszentrum jenseits der Hohemarkstraße einkehren. Dort erfährt man viel über die Besonderheiten des Naturparks Taunus und kann selbst ein bisschen forschen.

Von dort aus geht es links über den Parkplatz, per Fußgängerbrücke über die Hohemarkstraße und wieder links den Felsenweg entlang. Bei langsamer Steigung läuft man vorbei an der Bärenhöhle, in der ein Rudel eher ungefährlicher Bären haust, und weiter in nördlicher Richtung. Nach etwa dreieinhalb Kilometern biegt man links ab Richtung Sandplacken, wo die erste Rast möglich ist. Nach einem Stück Strecke an der Straße biegt der Weg am nächsten Parkplatz wieder in den Wald ein, führt ein Stück am Limes entlang bis zum Großen Feldberg. Nach dem Genießen der Aussicht kann man auch hier einkehren.

Auf der gegenüberliegenden Seite geht es nun bergab und von der Bushaltestelle an der Hauptstraße hinüber zum Fuchstanz, wo es seit 1882 eine Schutzhütte und schon bald danach das Waldgasthaus gab, das bist heute ein beliebtes Ausflugsziel ist. Von dort geht es kurz hinter dem Gasthaus nach rechts und noch einmal bergauf über den fast 800 Meter hohen Altkönig mit wunderbarer Aussicht, dann hinab zur Klinik Hohe Mark und zurück zur Bahnstation.

Das Taunus-Informationszentrum ist geöffnet vom 1. Nov. bis 30. April Di. bis Fr. 10 bis 15 Uhr, Sa., So. 10 bis 16 Uhr, vom 1. Mai bis 31. Oktober Di. bis Fr. 10 bis 16 Uhr, Sa. und So. 10 bis 18 Uhr. Der Eintritt ist frei.

Station **Mühlheim-Dietesheim**,
S-Bahn-Linien S8, S9

DIETESHEIMER STEINBRÜCHE
Am Wingertsweg
63165 Mühlheim am Main

www.muehlheim.de/steinbrueche
www.see-eck.de

22 MÜHLHEIM **DIETESHEIMER KLIPPEN**
Bizarrer Fels

Bis zum Jahr 1982 wurde auf dem 150 Hektar großen Gelände Basalt abgebaut. Heute sind die ehemaligen Dietesheimer Steinbrüche dank der im Rhein-Main-Gebiet einzigartigen Felsformationen ein beliebtes Naherholungsgebiet. Ein Spaziergang am klaren tiefblauen Wasser mit seinen bizarren Basaltufern entlang oder über die Canyon-Brücke zwischen Vogelsberger- und Oberwaldsee sind besonders im Herbst, wenn das Laub bunt wird, ein Farben- und Formenrausch.

Den Bahnhof verlässt man dafür Richtung Osten, geht durch eine Unterführung und folgt dann etwa 400 Meter der Straße Am Wingertsweg. Nach dem Überqueren des Südrings geht es kurz darauf einen kleinen Bogen nach rechts, dann weiter geradeaus, bis zum Eingang des Naherholungsgebietes. Eine große Tafel mit Verbotsschildern und den zu erwartenden Strafen schreckt ein wenig ab, ist aber in einem Gebiet, das zum einen durch Steinschlag an den Ufern gefährlich ist, zum anderen teilweise unter Naturschutz steht, weil sich dort seltene Pflanzen und Tiere angesiedelt haben, verständlich.

Insgesamt elf Seen befinden sich auf dem Gelände, die entstanden, weil das durch den Basaltabbau hochdrückende Grundwasser nicht mehr abgepumpt wird. Vom Eingang aus geht es geradeaus und dem Wegweiser folgend zum Vogelsbergersee. Umrundet man ihn, kommt man automatisch zum Canyon-Steg und zum größten Gewässer, dem Oberwaldsee. Am etwas nördlicher liegenden kleinen Grünen See gibt es ein Restaurant mit Terrasse zum Wasser.

Jederzeit zugänglich, Naturschutzgebiet. Restaurant Zum Grünen See-Eck, Di. bis So. 11 bis 22 Uhr.

Station **Niederjosbach**, S-Bahn-Linie S2

www.ich-geh-wandern.de/von-niederjosbach-nach-und-rund-um-eppstein-vordertaunus

23 NIEDERJOSBACH **WANDERUNG**
Taunusblick

Wer den etwa zehnminütigen Weg durch den Ort bis zum Beginn der Wanderung auf sich nimmt, wird mit einem weiten Blick über das Daisbachtal und auf den Ortsteil Bremthal belohnt. Zuvor aber verlässt man den S-Bahnhof, aus Frankfurt kommend, in Fahrtrichtung, geht die Treppe hinunter und folgt der Bahnstraße im Bogen bis zur nächsten Hauptstraße. Diese überquert man und biegt an der nächsten Kreuzung rechts in die Eppsteiner Straße ein. Diese endet nach einem guten Anstieg auf einem Feldweg, der immer geradeaus zunächst offen, dann im Wald und schließlich durch Felder auf 2,9 Kilometern nach Eppstein führt.

Man erreicht dort die ersten Häuser in Vockenhausen. Noch bevor es auf die Straße geht, kann man sich entscheiden, nach Eppstein weiterzulaufen und den Panoramaweg um den Ort anzuschließen (siehe S. 25), oder direkt vor dem Dattenbach links abzubiegen und nach Niederjosbach zurückzulaufen. Dabei geht es zunächst am Bach, dann bergauf den Bergmann-Michel-Weg am Ortsrand von Vockenhausen entlang.

Von dort geht es wieder in den Wald und gemächlich etwa 100 Höhenmeter hinauf in die Felder. Auf dem Weg lohnt ein Blick nach Norden, wo der noch einmal 200 Meter höhere turmgekrönte Atzelberg bei Eppenhain zu sehen ist. In den Feldern biegt man zunächst rechts, dann links ab und stößt am Ende bergablaufend wieder auf die Eppsteiner Straße, in der die Wanderung begann. Der Weg zurück zur S-Bahn ist weniger als einen Kilometer lang und geht den Berg hinunter relativ schnell.

Ganzjährig begehbar.

Station **Offenbach Ost**,
S-Bahn-Linien S1, S2,
S8, S9

**WETTERPARK
OFFENBACH
BESUCHERZENTRUM**
Am Wetterpark 15
63071 Offenbach

www.offenbach.de/
wetterpark

24 OFFENBACH **WETTERPARK**
Alle Wetter!

Zugegeben, die Strecke bis zu diesem Ziel ist länger als einen Kilometer. Genau genommen sind es 1,7 Kilometer. Doch wo kann man sonst schon einen Tornado entfachen oder seinen persönlichen Regenbogen leuchten lassen? Nur im Offenbacher Wetterpark, einem Gemeinschaftsprojekt der Stadt, des Deutschen Wetterdienstes und des Regionalsparks Rhein-Main.

Wer den zwei Hektar großen Natur- und Wissenschaftspark kennenlernen möchte, muss vom S-Bahnhof runter auf die Straße, sich rechts halten, die stark befahrene Bundesstraße überqueren und bis zur Araltankstelle ca. fünf Minuten entlanggehen. Hinter der Tankstelle biegt die Obere Grenzstraße links ab und führt bergan an mehreren Grünanlagen vorbei ein ziemliches Stück bis zur Goerdelerstraße. Dort biegt man rechts ab, überquert den gegenüberliegenden Parkplatz des Wetterparks und ein eher wildes Gelände. Gleich dahinter beginnt der Naturlehrgarten, durch den man auf schattigem Weg bis zum Wetterpark laufen kann. Insgesamt ist man dorthin gut 20 Minuten unterwegs.

Doch der Weg lohnt sich. Der 2005 eröffnete Park auf dem ehemaligen Gelände einer Anzuchtgärtnerei macht an verschiedenen Stationen das Zusammenspiel von Sonne, Luft und Wolken sinnlich erfahrbar und liefert zugleich wissenschaftliche Erklärungen. Das Besucherzentrum, ein mit Zinkblechen verkleideter Bau, der an eine Forschungsstation erinnert, bietet interaktive Stationen, an denen Wetterphänomene wie Blitz und Donner erklärt werden. Erläuterungen zum Klimawandel dürfen natürlich nicht fehlen. Vom Sicht-Turm aus schaut man auf Offenbach und den Taunus.

Öffentlich zugänglich. Es gibt auch Führungen und zu jeder Jahreszeit unterschiedliche Veranstaltungen.

Station **Rüsselsheim**, S-Bahn-Linien S8, S9

VERNA-PARK
Ludwig-Dörfler-Allee 9
65428 Rüsselsheim

www.ruesselsheim.de

25 RÜSSELSHEIM **VERNA-PARK**
Ummauerte Landschaft

Wo früher Freifrau Wilhelmina von Verna flanierte, herrscht heute bei gutem Wetter reger Betrieb. Der Stadtpark in Rüsselsheim ist beliebt, nicht nur bei den Einheimischen und bei Hochzeitspaaren, die gerne Fotos dort machen. Er ist im Stil englischer Landschaftsgärten angelegt und hat seinen spätromantischen Charakter bis heute bewahrt. Vom Bahnhof liegt der Park nicht einmal zehn Minuten entfernt. Man folgt der Bahnhofstraße Richtung Norden und biegt nach etwa 400 Metern rechts in die Frankfurter Straße ein. Auf der linken Seite geht es in den Park und dort kommt man auf direktem Wege zum Pavillon und dem Teich mit kleiner Insel.

Angelegt hat den Park eben jene Freifrau von Verna, nach der er benannt ist. Früh verwitwet, nutzte sie ihr Erbe, um ein Palais und den gerade mal 57.000 Quadratmeter großen Park zu schaffen. Von Anfang an war dieser durch eine Mauer begrenzt und geschützt, beinhaltet aber dennoch alles, was einen englischen Landschaftsgarten ausmacht – eine echte Besonderheit bis heute. So liegt am nordwestlichsten Ende eine künstliche Burgruine und am Ende der Westmauer täuscht eine Trompe-l'oeil-Malerei einen Blick in die Weite vor. Auch eine Nische aus Muschelkalk und der Obelisk stammen aus der Entstehungszeit. Das sonnengelbe Palais Verna, in dem die Freifrau residierte und heute das Ordnungsamt untergebracht ist, liegt an der Ostseite des Parks. 1911 hatten die Erben der Freifrau das Anwesen an die Stadt verkauft, die den Park öffentlich zugänglich machte. Heute ist er auch ein Ort großer Veranstaltungen wie der „Kultur im Sommer" oder dem Weihnachtsmarkt.

Die Stadt bietet Führungen, auch Gruppen- und spezielle Kinderführungen, durch den Park an, die über das Museum, Hauptmann-Scheuermann-Weg 4, 65428 Rüsselsheim, museum@ruesselsheim.de, gebucht werden können.

Bahnhof **Wiesbaden-Biebrich**, RB/RE oder Station **Wiesbaden-Ost**, S-Bahn-Linien S1, S8, S9

SCHLOSS BIEBRICH
Rheingaustraße 140
65203 Wiesbaden

www.wiesbaden.de, www.lbih.hessen.de/
leistungen/burgen-und-schloesser/
schloss-biebrich

26 WIESBADEN **SCHLOSS BIEBRICH**
Papageien im Park

Anfangs, im Jahr 1700, war es nur ein Gartenhäuschen, 50 Jahre später eine dreiflügelige Anlage. Heute zählt das Schloss Biebrich zu den bedeutendsten Barockschlössern entlang des Rheins. Zu erreichen ist es mit einem Spaziergang durch den etwa einen Kilometer langen Schlosspark. Denn der Bahnhof liegt am nördlichen Ende des schmal zwischen dem Biebricher Ortskern und der von Ernst May nach dem Krieg geplanten Siedlung Parkfeld verlaufenden Grüns. Auf einer der beiden Alleen nähert man sich langsam dem am Rheinufer liegenden, rot-weißen Schloss.

Bis in das Jahr 1841 diente es den Fürsten und Herzögen von Nassau als Hauptresidenz, anschließend als Sommersitz. Herzog Adolf von Nassau verkaufte 1868 seine wertvolle Pflanzensammlung von dort nach Frankfurt, wo sie den Grundstock des Palmengartens bildete. Erst 1935 ging das Schloss an den preußischen Staat. Im Krieg stark beschädigt, ließ es die hessische Landesregierung in den 1960er Jahren umfassend restaurieren. Heute nutzt sie es zu Repräsentationszwecken. Eine Besichtigung ist nur in Gruppen zu ausgewählten Terminen möglich, wenn man nicht gerade den Trausaal nutzen möchte. Man sitzt aber im Sommer auch sehr idyllisch vor dem Gebäude im Café.

Ein Spaziergang durch den Park lohnt sich allemal. Besonders, weil sich auf den Bäumen vor dem Schloss in der Regel dutzende gelb-grüne Papageien tummeln und das gerne mit lautem Kreischen kundtun. Die Halsbandsittiche und auch etwas größere Alexandersittiche haben sich dort in den 1990er Jahren angesiedelt und seitdem so stark vermehrt, dass sie als heimisch gelten.

Das Schloss kann nur mit einer Gruppenführung des Verschönerungs- und Verkehrsvereins Biebrich e. V. besichtigt werden. Regelmäßige Termine stehen im Internet. Die Führung kostet 4 Euro pro Person.

Station **Bad Homburg**, S-Bahn-Linie S5

BAD HOMBURGER SCHLOSS
Schloßstraße 1
61348 Bad Homburg vor der Höhe

www.schloesser-hessen.de
www.museum-sinclair-haus.de

27 BAD HOMBURG **SCHLOSS**
Bei Kaisers zuhause

In Bad Homburg haben preußische Könige und deutsche Kaiser ihre Sommer verbracht. Noch heute bietet das Schloss einzigartige Einblicke in die Wohnkultur des Kaiserhauses. Um dorthin zu kommen, verlässt man den Bahnhof Richtung Innenstadt, geht über den Platz, die Bahnhofstraße entlang und überquert den Hessenring über die Fußgängerbrücke. Auf dem Rathausplatz geht es dann links in die Schöne Aussicht und weiter in die Dorotheenstraße, die an den beiden bedeutendsten Kirchen der Stadt vorbeiführt: die katholische Marienkirche von 1895 sowie die wenige Schritte weiter imposant aufragende evangelische Erlöserkirche. Ein Abstecher in diese mit goldenen Mosaiken reich verzierte Kirche lohnt sich, denn sie ist ein bedeutendes Beispiel wilhelminischer Neuromanik und das weltweit am besten erhaltene Zeugnis der Kirchenbauten Kaiser Wilhelms II.

Weiter geht es in den Schlosspark, dessen Weg durch den Barockgarten direkt auf das Schloss mit dem markanten Weißen Turm im Innenhof zuführt. Die historischen Räume, in die Wilhelm II. einst Bäder mit Wasserklosetts (sehr ökologisch mit Regenwasser betrieben) einbauen ließ, können besichtigt werden. Den Weißen Turm kann man ebenfalls erklimmen und anschließend im stilvollen Schlosscafé einkehren. Sitzt man im Sommer unter der 1820 gepflanzten Libanonzeder, kann man sich wie die Landgräfin Elisabeth fühlen, die diese eigens aus dem englischen Kew Gardens kommen ließ. Zum Abschluss empfiehlt sich ein Besuch des Museums Sinclair-Haus gegenüber der Erlöserkirche, das zeitgenössische Kunst meist unter sehr spannenden Blickwinkeln zeigt.

Das Schloss ist ganzjährig geöffnet, Führungen gibt es stündlich von März bis Okt. Mo. bis So. von 10 bis 16 Uhr, von Nov. bis Febr. Di. bis So. von 10 bis 14 Uhr. Der Weiße Turm ist von März bis Okt. Mo. bis So. von 10 bis 16.30 Uhr, von Nov. bis Febr. Di. bis So. von 10 bis 15.30 Uhr zugänglich.

Bahnhof **Darmstadt-Kranichstein**, RB/RE oder Straßenbahn-Linie 5

EISENBAHNMUSEUM
Darmstadt-Kranichstein
Steinstraße 7
64291 Darmstadt

www.bahnwelt.de

28 DARMSTADT **BAHNWELT**
Unter Dampf

In Kranichstein kann man im Bahnbetriebswerk des ehemaligen Rangierbahnhofs in die Welt der Dampf-, Diesellokomotiven und Triebwagen eintauchen. Mehr als 200 originale Fahrzeuge aus allen Epochen der Geschichte, davon alleine 40 Triebfahrzeuge, stehen dort im Eisenbahnmuseum, das in 2020 seinen 50. Geburtstag feiert. Seit 1970 betreiben Ehrenamtliche die Institution und haben besondere Stücke wie die württembergische T3 aus dem Jahre 1901, eine Zahnradlokomotive aus der Steiermark von 1893, die Erz abtransportierte, Lokomotiven der Deutschen Reichsbahn, aber auch Werksbahnen wie die „Olga", eine feuerlose Dampfspeicher-Lokomotive der BASF von 1911, und sogar einen Klima-Schneepflug zusammengetragen.

Das Gelände des Vereins liegt direkt hinter dem Bahnhof, man muss allerdings zur Parkstraße hinausgehen, an der nächsten Kreuzung rechts in die Jägertorstraße und hinter den Gleisen wieder rechts in die Steinstraße abbiegen, um zur Bahnwelt zu kommen.

Die Ehrenamtlichen des Vereins führen die Besucher durch die Lokomotivsammlung und können zu jedem Triebwagen Interessantes erzählen. Natürlich sind auch Fahrkarten, Uniformen und viele Infos zu Schienen, Schotter und Gleisbett im Museum zu finden. An den Betriebstagen wird die eine oder andere Lok unter Dampf gesetzt oder der Diesel angeworfen, und dann kann man sogar auf dem Führerstand ein Stück mitfahren.

Geöffnet: So. 10 bis 16 Uhr, April bis Sept. auch Mi. 10 bis 16 Uhr.
Eintritt: Erwachsene 6 Euro, ermäßigt 3 Euro. Besichtigung nur im Rahmen einer Führung. Betriebstage sind von April bis Okt. jeden 1. Sonntag im Monat.

Station **Darmstadt-Siemensstraße**, S-Bahn bis Hauptbahnhof, dann Straßenbahn-Linien 4, 5

BIOVERSUM
Jagdschloss Kranichstein
Kranichsteiner Straße 253
64289 Darmstadt

www.jagdschloss-kranichstein.de/museen

29 DARMSTADT **BIOVERSUM**
Auf den Spuren der Jagd

Das Schloss Kranichstein mit seiner dreiflügeligen Renaissance-Anlage mitten im Wald ist ein Kleinod aus dem 16. Jahrhundert. Landgraf Georg I. von Hessen-Darmstadt ließ es zu einem Jagdschloss ausbauen. Auch seine Nachfolger nutzten das Waldgebiet zur Jagd. Großherzog Ernst Ludwig richtete 1917 mit seiner jagdhistorischen Sammlung das Museum ein, das heute noch Gemälde, Jagdtrophäen, aber auch fürstliche Salons der damaligen Zeit zeigt. Um der Öffentlichkeit zugleich den Lebensraum eines Buchenwaldes mit seiner biologischen Vielfalt näher zu bringen, eröffnete die Stiftung Hessischer Jägerhof vor gut zehn Jahren im historischen Zeughaus zusätzlich das „Bioversum" Kranichstein.

Zu erreichen ist es mit einem kleinen Fußmarsch. Von der Straßenbahnstation aus geht es rechts in die Bartningstraße und bis zur Kranichsteiner Straße, in die man links einbiegt. Dort kann man auf dem Radweg etwa 15 Minuten an der Hauptstraße entlanglaufen, bis es rechts zum Bioversum geht. Drinnen erleben die Besucher in einer riesigen Vitrine ein Stück Buchenwald im Wechsel der Jahreszeiten und können sich auf die Suche nach einem Fuchsbau machen oder erraten, welches Tier zu welchem Schädel gehört. Weitere Stationen laden zum Mitmachen ein und zeigen zum Beispiel, wie Tiere und Pflanzen reisen.

Geht man anschließend ein Stück durch den historischen Schlosspark und am Backhausteich vorbei, erreicht man das Jagdmuseum im Schloss. Auch im Kranichsteiner Wald kann man den Spuren der höfischen Jagd nachgehen. Die Rundtour vom Parkplatz vor dem Bioversum aus ist ausgeschildert.

Geöffnet: April bis Sept. Di. bis Fr. 11 bis 17 Uhr, Sa. und So. 10 bis 18 Uhr; Okt. bis März Di. bis Fr. 11 bis 17 Uhr, Sa. und So. 10 bis 17 Uhr.
Das Museum Jagdschloss Kranichstein ist ganzjährig geöffnet: Mi. bis Fr. 13 bis 17 Uhr, Sa. und So. 10 bis 17 Uhr. Eintritt: Erwachsene 7 Euro, ermäßigt 5 Euro.

Station **Eppstein**, S-Bahn-Linie S2

BURG EPPSTEIN
Burgstraße
65817 Eppstein

www.eppstein.de

30 EPPSTEIN **BURG**
Tausendjährige Geschichte

Sie thront über der Stadt und ist kaum zu übersehen. Um zur Burg Eppstein zu gelangen, nutzt man vom Bahnhof aus die Überführung Richtung Innenstadt, geht linker Hand in die Burgstraße und dann immer der Nase nach durch schöne Altstadtgässchen. Am Ende biegt man links ab, folgt dem Schild, bis sich die Straße den Berg hinaufwindet. Hinter dem schweren hölzernen Westtor liegt der Eingang, einige Schritte bergauf dann der Burghof. Man sollte die 135 Stufen des Bergfrieds erklettern, um den herrlichen Blick über Eppstein bis hin zur Burg Königstein zu genießen. Romantisch ist auch der Altangarten, der um 1600 in der Burg existierte und originalgetreu wieder angelegt wurde.

Im Burghof steht man inmitten einer tausendjährigen Geschichte. Die Anlage wurde 1122 erstmals urkundlich erwähnt als Ebbensten, was soviel heißt wie Ebbos Stein und vermutlich auf Graf Eberhard zurückgeht. Ab Ende des 12. Jahrhunderts war sie die Hauptresidenz der Herren von Eppstein, die sich nach ihrer Stammburg benannten. Die heute erhaltene Bausubstanz stammt vor allem aus dem 14. und 15. Jahrhundert. Im Laufe der Zeit wechselte das Gemäuer vielfach seinen Besitzer, bis die Überreste 1929 der Stadt Eppstein geschenkt wurden. Seit etwa dieser Zeit beherbergt die Anlage das Burgmuseum, in dem mehr über die Geschichte zu erfahren ist.

Im Sommer darf man das älteste sommerliche Freilichttheater des Rhein-Main-Gebietes, die Burgfestspiele, nicht verpassen. Prominente Besucher hatte die Burg übrigens auch schon. 1974 wurden dort Aufnahmen mit der schwedischen Popgruppe ABBA für ihren Hit Waterloo gemacht.

Geöffnet: April bis Okt. täglich außer Mo. 10-17 Uhr, Mi. 10-18 Uhr, Nov. bis März täglich außer Mo. 11-15 Uhr. Burgmuseum: April bis Okt. Mi. 16-18 Uhr, Sa. 14-17 Uhr, So. 11-17 Uhr, Nov. bis März, So. 12-15 Uhr. Eintritt: 4 Euro, Kinder 1,50 Euro.

Station **Schweizer Platz**,
U-Bahn-Linien U1, U2, U3, U8

BIBELHAUS
Metzlerstraße 19
60594 Frankfurt

www.bibelhaus-frankfurt.de

31 FRANKFURT **BIBELHAUS**
Auf den Spuren Jesu

Ein Museum rund um das Buch der Bücher. Das gibt es nicht allzu häufig in Deutschland. In Frankfurt besuchen viele Schulklassen das Bibelhaus, doch man kann es auch alleine wunderbar entdecken. Von der U-Bahn-Station aus läuft man die Schweizer Straße entlang immer Richtung Main. Auf der rechten Seite geht es nach etwa 500 Metern in die Metzlerstraße, an deren Ende das Bibelhaus seit 2003 in einer entweihten Kirche eingerichtet ist.

Das Institut der Frankfurter Bibelgesellschaft wirbt zu recht für sich als Erlebnis-Museum. Anfassen, mitmachen, ausprobieren und dabei erkunden, wie Jesus gelebt hat und wie die Bibel entstanden ist, spielen eine große Rolle. Egal, ob an der Nachbildung einer Druckerpresse aus dem 16. Jahrhundert oder im begehbaren Fischerboot, das denen nachempfunden ist, die vor etwa 2.000 Jahren auf dem See Genezareth fuhren. Man kann auch in ein mit orientalischen Teppichen ausgelegtes Nomadenzelt kriechen und sich vorstellen, wie Abraham und Sara einst lebten.

Seit Mai 2011 sind zudem 270 Originalfunde aus der Zeit Jesu im Bibelhaus zu sehen. Die archäologischen Funde aus Israel sind eine in Europa einmalige Dauerleihgabe der Israelischen Antikenverwaltung. Trinkgefäße, Gewandnadeln, Schmuck und Münzen zeigen plastisch die Lebenswelt der Bibel. Ein Modell der Tempelanlage des Herodes inklusive 3-D-Simulation lädt zu einer Pilgerreise auf den Spuren Jesu ein. Alte Handschriften sind im Museum ebenso zu entdecken wie aktuelle Informationen, etwa über die Funde von Qumran, so dass auch Erwachsene sich beim Rundgang garantiert nicht langweilen.

Geöffnet Di. bis Sa. von 10 bis 17 Uhr, So. 14 bis 18 Uhr. Eintritt 7 Euro, ermäßigt 5 Euro.

Station **Deutsche Nationalbibliothek**,
U-Bahn-Linie U5

DEUTSCHE NATIONALBIBLIOTHEK
Adickesallee 1
60322 Frankfurt

www.dnb.de

32 FRANKFURT **DEUTSCHE NATIONALBIBLIOTHEK**
Das Haus der Bücher

So viele Bücher wie hier stehen sonst nirgends. Die Deutsche Nationalbibliothek hat die Aufgabe, lückenlos alle deutschen und deutschsprachigen Publikationen ab 1913 zu sammeln und dauerhaft zu archivieren. Das waren bis Anfang 2019 rund 36 Millionen Einheiten. Der größere Teil davon steht zwar in Leipzig, dem Gründungsstandort. Erst durch die Teilung Deutschlands nach dem Zweiten Weltkrieg entstand die zweite Sammelstelle in der Buchstadt Frankfurt. Doch heute befinden sich in der Adickesallee auch schon rund zwölf Millionen Publikationen.

Steigt man an der Bibliothek aus der U-Bahn und überquert die Eckenheimer Landstraße, glaubt man kaum, dass in dem flachen, grauen Gebäude sogar Platz für 18 Millionen Medien sein soll. Die Magazine sind in drei geräumigen Kellergeschossen untergebracht. Dort werden die Bücher, konstant bei 18 Grad Celsius und 50 Prozent Luftfeuchtigkeit, frisch gehalten.

Wer sich eines davon anschauen möchte, muss es zuvor bestellen und darf es in den Lesesaal mitnehmen. Einmal im Monat können Besucher aber auch die Arbeit hinter der Buchausgabe kennenlernen und in die unterirdischen Magazine hineinschauen. Man erfährt zudem einiges über die Kunst am Haus und dass auch die rote Backsteinmauer vor der Tür dazu zählt. Zudem lohnt sich ein Besuch im Deutschen Exilarchiv, das ebenfalls in der Nationalbibliothek beheimatet ist. Dort werden Zeugnisse der deutschsprachigen Emigration der Jahre 1933 bis 1945 gesammelt. Eine Dauerausstellung beleuchtet anhand von Briefen und Ausstellungsstücken den Alltag der Emigration, und was es bedeutet, ins Exil gehen zu müssen.

Geöffnet: Mo. bis Fr. 9 bis 22 Uhr, Sa. 10 bis 18 Uhr. Die allgemeinen Führungen werden in Kooperation mit der Kulturothek Frankfurt jeden ersten Mittwoch im Monat angeboten. Infos sind unter www.dnb.de oder www.kulturothek-frankfurt.de zu finden. Sie kosten 10, ermäßigt 8 Euro.

Station **Frankfurt Stadion**, S-Bahn-Linien S7, S8, S9 oder Haltestelle **Stadion**, Straßenbahn-Linie 21

EINTRACHT FRANKFURT MUSEUM
Mörfelder Landstraße 362
60528 Frankfurt am Main

www.eintracht-frankfurt-museum.de und
www.eintracht-archiv.de

33 FRANKFURT **EINTRACHT FRANKFURT MUSEUM**
Eine Nacht mit den Adlern

Wer schon immer mal nachts ins Museum gehen wollte, die Eintracht macht's möglich. Freitags abends gibt es regelmäßig Führungen durch das Eintracht-Frankfurt-Museum im Stadion. Los geht es um 21 Uhr. Es empfiehlt sich, genügend Zeit für den Weg einzuplanen, da dieser von der S-Bahn-Station die Flughafenstraße entlang, dann rechts in die Otto-Fleck-Schneise und nach wenigen Metern zum Eingang E4 oder 100 Meter weiter durch Tor 8 ebenso wie derjenige von der Straßenbahn-Haltestelle, von der aus man durch den Haupteingang oder ein Stück weiter die Mörfelder Landstraße entlang durch Tor 3 zum Museum gelangt, etwa 10 bis 15 Minuten dauert.

Wer das Museum im Erdgeschoss der Haupttribüne des Stadions betritt, der kann in die Historie der „Adler" eintauchen. Immerhin hat die Eintracht kürzlich ihren 120. Geburtstag gefeiert. In einem großen Raum stehen rund 300 Exponate aus der Geschichte des Vereins, darunter so wertvolle Stücke wie die Gründungsurkunde von 1899 und der Originalball des Europapokal-Endspiels von 1960. Auch die Fußballschuhe von Jan Aage Fjörtoft, der die Eintracht 1999 vor dem Abstieg bewahrte, sind dort zu sehen. Und natürlich ein Trikot mit den Unterschriften der Pokalsieger von 2018 sowie die Replik des Pokals, auch wenn sie einen Tick kleiner ist als das Original.

Nach dem Rundgang durchs Museum, das übrigens im November 2007 eröffnet wurde, folgt noch eine Stadionführung, die mit dem Blick vom höchsten Punkt des Stadions über die nächtliche Skyline endet. So in Stimmung gebracht, fehlt nur noch ein Gläschen Eintracht-Sekt, das es zum Abschluss im Museum gibt.

Geöffnet: Di. bis So. von 10 bis 18 Uhr. Eintritt: Erwachsene 5 Euro, ermäßigt 3,50 Euro. Zu den Führungen sollte man sich anmelden.

Station **Frankfurt-Flughafen Regionalbahnhof**, S-Bahn-Linien S8, S9

FRANKFURT/AIRPORT
Hugo-Eckener-Ring
60549 Frankfurt

www.frankfurt-airport.com

34 FRANKFURT **FLUGHAFENTERRASSE**
Blick aufs Rollfeld

Für Familien mit etwas älteren Kindern ist sie eins der beliebten Ausflugsziele in der Region. Die Besucherterrasse am Flughafen Frankfurt ist aber durchaus auch etwas für Technikbegeisterte, Spotter und Ausflügler. Schließlich kann man nirgendwo sonst in Deutschland so viele unterschiedliche Flugzeuge beobachten wie am größten Verkehrsflughafen der Republik. Mehr als 1.500 Starts und Landungen gibt es dort täglich, die Flugverbindungen gehen in rund 100 Länder der Welt. Und weil man nicht selbst fliegt, schont das zudem die Umwelt.

Erreichbar ist der Flughafen vom Hauptbahnhof aus in elf Minuten bequem mit der S-Bahn. Einmal in Halle B des Terminal 1 angekommen, ist der Weg das Ziel. Denn von dort aus geht es zunächst zur SkyLine-Schwebebahn. Alle zwei bis drei Minuten fährt die vollautomatische Bahn ohne Fahrer zum Terminal 2. Dort geht es zur Food Plaza in der Ebene 4. Direkt neben dem Schnellrestaurant liegt die Terrasse.

Von dort aus kann man aus nächster Nähe auf dem Vorfeld beobachten, wie die Fluggastbrücken an die Maschine gefahren werden, wie das Gepäck der Passagiere ver- oder entladen wird oder wie die Maschinen betankt werden. Die Terrasse bietet nicht nur einen Ausblick auf zwei der insgesamt vier Start- und Landebahnen, sondern auch auf den Neubau des Terminal 3, die Cargo City Süd und den etwa 70 Meter hohen Reserve-Tower. Selbst das Luftbrückendenkmal ist in einiger Entfernung zu erkennen. An manchen Tagen sind Experten vor Ort, die das Geschehen live moderieren. Wer mehr von Frankfurts Tor zur Welt sehen will, dem sei zusätzlich eine Flughafen-Rundfahrt empfohlen.

Geöffnet: Mo. bis Fr. von 10 bis 18 Uhr, Sa. und So. 10 bis 19 Uhr. Tagesticket 3 Euro, ermäßigt 1 Euro, Kinder bis 4 Jahre frei. Rundfahrten (www.FRA-Tours.com) gibt es in unterschiedlicher Länge und zu verschiedenen Themen.

Station **Dornbusch**, U-Bahn-Linien U1, U2, U3, U8

GELDMUSEUM DER DEUTSCHEN BUNDESBANK
Wilhelm-Epstein-Straße 14
60431 Frankfurt

www.bundesbank.de

35 FRANKFURT **GELDMUSEUM**
Gold zum Anfassen

Einen großen Goldbarren anfassen, wo hat man diese Möglichkeit schon? In Frankfurt, der Stadt des Geldes, die entsprechend weltweit eines der wenigen Museen zum Thema beherbergt, kann man das 12,5 Kilogramm schwere Stück eigenhändig in die Höhe heben – wenn auch in einer gesicherten Röhre. Mitnehmen kann der Besucher den Barren zwar nicht, dafür aber reichlich Wissen über das Geld, das in Form alter Münzen und schöner bunter Scheine zu sehen ist. Man erfährt dabei, womit zu Zeiten um Christi Geburt bezahlt wurde und kann sich selbst auf die Suche nach Falschgeld machen. In weiteren Themengebieten zum Buchgeld, zur Geldpolitik und Geld global wird zum Beispiel erläutert, was eigentlich die Europäische Zentralbank macht oder, anhand eines inszenierten Supermarktes, wie Preise entstehen, die Kaufkraft ermittelt wird und was Inflation bedeutet.

„Der Weg zum Schotter" ist nur 650 Meter weit: Die U-Bahn-Station in Richtung Platenstraße verlassend, läuft man die Straße Am Dornbusch entlang, über die Kreuzung an der Platenstraße hinweg und dann noch etwa 100 Meter geradeaus bis zum mit einer großen metallenen Skulptur geschmückten Eingang des Geldmuseums auf der linken Straßenseite.

Die gesamte Ausstellung ist zweisprachig, auf Deutsch und Englisch, gestaltet. An einer multimedialen Weltkugel werden die globalen Kapitalströme sichtbar gemacht. Ein Banknotenschwarm zeigt mehr als 170 Scheine aus der ganzen Welt. Ein 360-Grad-Kino in der Mitte entführt die Besucher in verschiedene Geldwelten. Und es gibt noch viele weitere Dinge zum Anfassen – nicht nur den Goldbarren.

Geöffnet: Mo. bis Fr. und So. 9 bis 17 Uhr. Der Eintritt ist frei, offene Führungen gibt es einmal monatlich sonntags.

Station **Frankfurt-Höchst**,
S-Bahn-Linien S1, S2

ALTES SCHLOSS HÖCHST
Höchster Schlossplatz 16
65929 Frankfurt-Höchst

www.pro-hoechst.de/altes-schloss-hoechst/

36 FRANKFURT **HÖCHSTER SCHLOSS**
Altes Gemäuer

Wer sich vom S-Bahnhof aus etwas rechts hält und auf der gegenüberliegenden Seite die Leverkuser Straße rund 300 Meter bis zum Ende geht, trifft auf den Brüningpark, der an den einstigen Gründer der Farbwerke Hoechst, Adolf Brüning und seine Frau Clara, erinnert. Am anderen Ende des Parks kann man am Spielplatz durch ein kleines Tor den Burggraben des Alten Schlosses betreten. Der Blick auf die historischen Häuser, die oberhalb des Grabens stehen, versetzt wohl jeden Spaziergänger in die Vergangenheit. Schon erwartet man, die Amtsleute des Mainzer Erzbistums den Weg entlanggehen zu sehen, die ab 1463 in der Burg residierten. Vom historischen Teil steht heute nur noch der Unterbau des weißen Bergfrieds, des Wahrzeichens von Höchst. Während der Renaissance ließen die Mainzer Kurfürsten die Burg zu einem prächtigen Schloss ausbauen, von dem aber auch wenig erhalten blieb. Am Ende des Weges führt eine Treppe hinauf zur Steinbrücke mit dem Renaissance-Torhaus, durch das man den Schlosshof betritt. Im Sommer sitzt es sich dort an der Balustrade mit Blick auf den Main herrlich an Tischen vom Schlosscafé.

1908 erwarb Clara von Brüning das Alte Schloss und öffnete den Park der Öffentlichkeit. Ab 1945 war dort der Sitz des amerikanischen Soldatensenders AFN Europe, der den Jazz nach Frankfurt brachte. Showstars wie Bing Crosby kamen ins Schloss. Heute gehört die gesamte Anlage, inklusive dem im 17. Jahrhundert entstandenen Neuen Schloss auf der Westseite zur Deutschen Stiftung Denkmalschutz, die in einem der Gebäude ein Museum betreibt. Dort sind regelmäßig Wanderausstellungen zu sehen.

Geöffnet: Fr. bis So. von 11 bis 17 Uhr. Im Schlosskeller finden Musikveranstaltungen statt.

Station **Frankfurt-Höchst**,
S-Bahn-Linien S1, S2

JUSTINUSKIRCHE
Justinusplatz 3
65929 Frankfurt-Höchst

www.justinuskirche.de

37 FRANKFURT **JUSTINUSKIRCHE**
Das älteste Haus

Die Frankfurter sind stolz auf ihre modernen Hochhäuser. Das älteste erhaltene Gebäude der Stadt aber steht nicht in der City, sondern in Höchst. Die karolingische Justinuskirche stammt aus der Zeit um 830 und ist eines der ältesten, noch erhaltenen Gotteshäuser Deutschlands. In Auftrag gegeben wurde es damals von den Erzbischöfen von Mainz, als Machtsymbol gegen den Königshof in Frankfurt.

Wie der Name ahnen lässt, führt die Justinuskirchstraße, die etwas westlich vom S-Bahnhof auf der gegenüberliegenden Seite beginnt, ziemlich direkt dorthin. Man muss sich am Ende nur ein Stückchen durch die Altstadt schlängeln, am besten über die Kronengasse. Bevor man den Schlossplatz betritt, hält man sich links und steht schon auf dem Kirchplatz. Dort sieht man den Teil der Kirche, der mal eine dreischiffige Basilika aus der Zeit der Karolinger war. Sie ist noch in großen Teilen vorhanden, inklusive der einzigartigen Säulenarkaden, die zu den bedeutendsten Werken damaliger Bildhauerkunst gehören.

Im 15. Jahrhundert wurde der südliche Altarraum durch einen viel höheren spätgotischen Chor ersetzt. Der Haupteingang wurde in den Norden verlegt, wo ein reich geschmücktes Portal mit zwei Statuen der Wüstenväter Paulus von Theben und Antonius Abbas entstand, die heute ebenfalls zu den kulturhistorischen Schätzen der Kirche zählen. Deshalb wurden sie durch Repliken ersetzt und stehen in der Taufkapelle. Später kam der ebenfalls bedeutende barocke Hochaltar hinzu. Heute wird die Kirche im Sommer für Gottesdienste oder Konzerte genutzt und ist ein beliebter Ort für Hochzeiten.

Geöffnet: April bis Okt., Di. bis So. von 14 bis 17 Uhr, Nov. bis März, Sa. und So. von 14 bis 16 Uhr.

Station **Cassellastraße**,
Straßenbahn-Linie 11

KLASSIKSTADT GMBH
Orber Straße 4a
60386 Frankfurt

www.klassikstadt.de

38 FRANKFURT **KLASSIKSTADT**
Oldtimer & Co.

Wenn es gar nicht ohne Auto geht, dann fährt die Linie 11 die Anhänger von Chrom und Ledersitzen fast direkt zur Frankfurter Klassikstadt, in der kostbare Oldtimer und Liebhaberfahrzeuge locken. Man steigt an der Hanauer Landstraße aus, geht über die Straße und in die Cassellastraße hinein. Nach etwa vier Minuten biegt man links in die Orber Straße. Nach wenigen Metern liegt rechts der Backsteinbau aus dem Jahr 1910, eine ehemalige Landmaschinenfabrik, in der später sogar mal die Bundesdruckerei 50-D-Mark-Scheine herstellte und der Zoll Uniformen lagerte.

Seit Ende 2010 ist hier auf 16.000 Quadratmetern ein Zentrum für Oldtimer und alles rund um solche Schätzchen entstanden. Mehr als 30 Unternehmen sind dort angesiedelt, von Fachwerkstätten über Händler wie Lamborghini, Bugatti oder McLaren bis hin zu einer Sattlerei, einem TÜV-Prüfstützpunkt und Vermietern von Klassikern. Gleich im Eingang gibt es eine große Auswahl an Modellautos. Besonders schön ist die gläserne Boxengasse im 2. Stock, in der private Sammler ihre Liebhaberstücke aufbewahren.

Im Sommer stehen zahlreiche der Schönheiten im Innenhof. Die alte Fabrik ist aber auch ein Ort für private und Firmen-Veranstaltungen. Marken-Clubs treffen sich hier ebenso wie Oldtimer-Fans, es gibt Versteigerungen und es werden Rennen gestartet. Das Restaurant „Die Werkskantine" mit seiner großen Terrasse im Innenhof lädt zum Verweilen ein. Und für alle, die auf Abgase und Motorengeräusch verzichten wollen: Es gibt auch einen Shop für Elektro-Zweiräder.

Geöffnet: Mo. bis Sa. von 10 bis 20 Uhr, So. von 10 bis 18 Uhr. Der Eintritt ist frei.

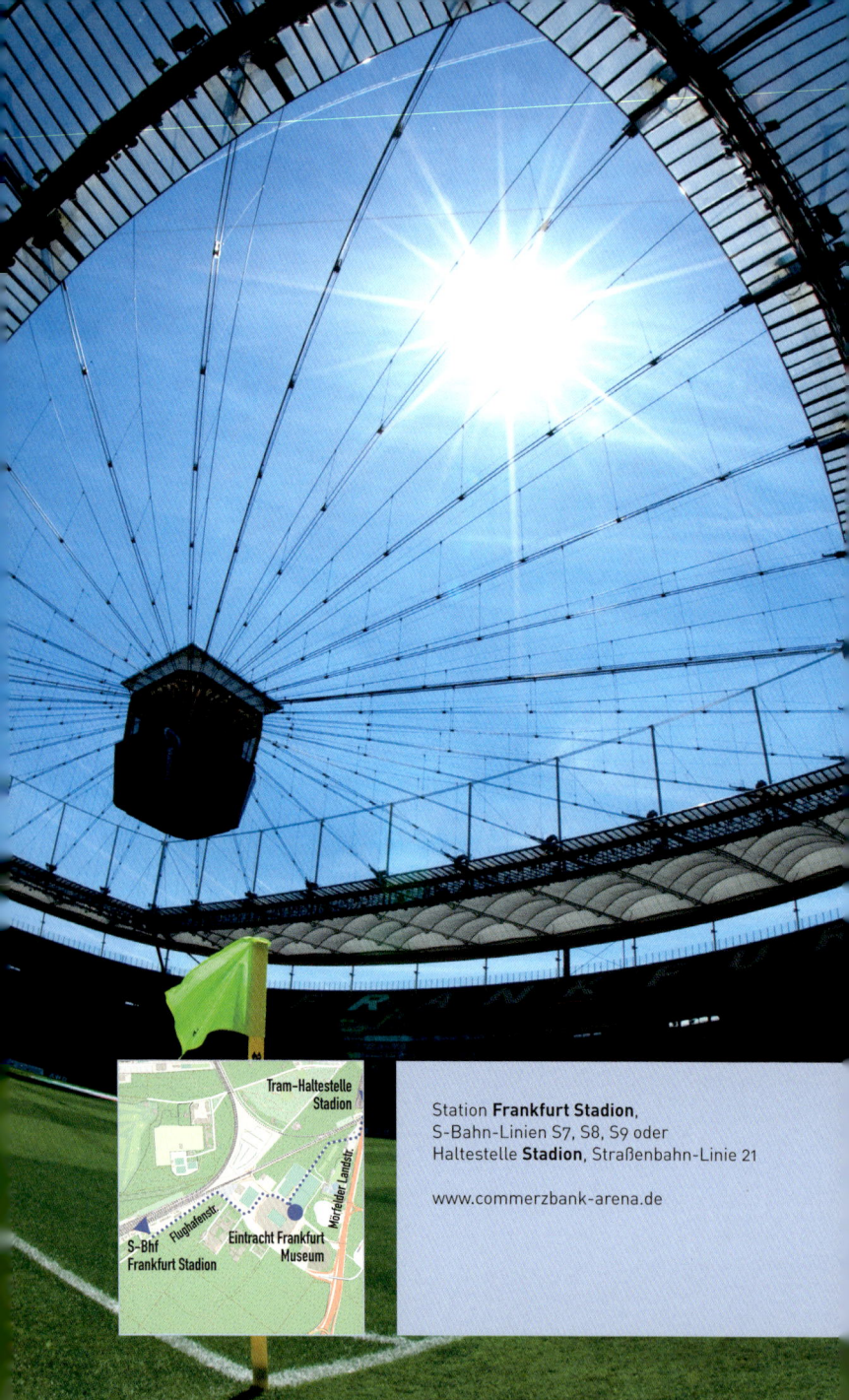

Station **Frankfurt Stadion**,
S-Bahn-Linien S7, S8, S9 oder
Haltestelle **Stadion**, Straßenbahn-Linie 21

www.commerzbank-arena.de

39 FRANKFURT **STADION**
Messi, Klitschko & Co.

Zugegeben, der Fußweg, egal ob von der S-Bahn oder der Straßenbahn, zieht sich ein wenig. Von der Straßenbahn aus ist er allerdings attraktiver. Irgendwann lichtet sich der Wald und man läuft direkt auf das Stadionrund zu, das eine der größten Leuchtreklamen der Welt trägt. Beim Blick auf die 2004 am Standort des legendären Waldstadions fertiggestellte Arena, in die bisher 55.000 Zuschauer passen, kann man schon mal sinnieren, wer in diesem Rund bereits gespielt hat – egal ob Fußball, oder Musik.

Das sind nicht nur die Eintracht-Pokalsieger von 2018, sondern auch große Namen: vom Weltfußballer Lionel Messi beim Länderspiel Deutschland - Argentinien 2012 oder Wladimir Klitschko beim Kampf gegen Samuel Peter im Herbst 2010 über die Stars der Musikszene wie die Rolling Stones, Genesis, Robbie Williams, Pink, U2, Beyoncé oder Helene Fischer bis hin zu den Ehrlich Brothers und Comedian Mario Barth.

Wer bei all den Attraktionen doch mal einen Blick nach oben wagt, der schaut auf das fast 40.000 Quadratmeter große Dach der Arena. Insgesamt bildet die 2.500 Tonnen schwere Konstruktion das größte Stahl-Seil-Membran-Innendach der Welt. Die Spieler der Eintracht oder anderer Mannschaften, die auf den Rasen gehen, haben übrigens den ersten Aufstieg schon hinter sich. Die vier großen Umkleidekabinen liegen im siebten Untergeschoss. Das Eintracht Frankfurt Museum unter der Haupttribüne lohnt ebenfalls einen Besuch (siehe S. 77). Wer möchte, kann im Stadion sogar heiraten oder sein Kind taufen lassen. In der Haupttribüne ist seit 2007 eine Stadionkapelle mit eigenem Pfarrer untergebracht.

Man kann das Stadion als Einzelperson bei öffentlichen Führungen anschauen. Diese dauern 60 bis 90 Minuten und kosten 9 Euro, ermäßigt (Kinder von 4 bis 16 Jahre) 7 Euro. Es gibt auch separate Gruppenführungen.

Station **Rheinlandstraße**,
Straßenbahn-Linien 12, 19

**VERKEHRSMUSEUM
FRANKFURT AM MAIN**
Rheinlandstraße 133
60329 Frankfurt

www.hsf-ffm.de

40 FRANKFURT **VERKEHRSMUSEUM**
Schienengeschichte

Seit Mai 1872 kann man in Frankfurt Straßenbahn fahren, damals noch von Pferden gezogen. Seit Oktober 1968 gibt es U-Bahnen in der Stadt. Wer gerne auf der Schiene unterwegs ist, kann sich im Verkehrsmuseum in alte Zeiten versetzen lassen und erfahren, wie der ÖPNV am Main einst begann. Zu erreichen ist das Museum in Schwanheim natürlich per Schiene, es liegt genau an der Endhaltestelle der Straßenbahn.

Die Sammlung, die dort zu sehen ist, dürfte weltweit einzigartig sein. Das Museum hat die Entwicklung der Straßenbahn in der Stadt nahezu lückenlos mit Fahrzeugen dokumentiert. Schon vor dem Ersten Weltkrieg wurden ein Trieb- und ein Beiwagen der Frankfurt-Offenbach-Trambahn-Gesellschaft, die ab 1884 die erste kommerzielle Straßenbahn Deutschlands betrieb, vor der Verschrottung bewahrt. In der Nachkriegszeit entschloss sich die Stadt, von jeder ausgemusterten Wagenbaureihe ein Exemplar zu erhalten. Am 8. Mai 1984 eröffneten die Stadtwerke Frankfurt schließlich das Museum.

Es gehört heute der VGF und wird vom Verein „Historische Straßenbahn der Stadt Frankfurt am Main" ehrenamtlich betreut. Die Mitglieder beantworten kompetent die Fragen der Besucher, die sich auf den Rundgang durch die fast 4.000 Quadratmeter Ausstellungsfläche drinnen und durch die historischen Wagenhallen nebst Außengelände machen. Zu sehen sind neben den Modellen auch alte Netzpläne, Dienstkleidung und eine stattliche Sammlung historischer Fahrscheine. Eine Dokumentation über den Bau der neuen Linie 18 holt den Besucher zurück in die Gegenwart. Im Sommer lohnt sich ein Abstecher zum Kobeltzoo (siehe S. 37).

Geöffnet: So. und an Feiertagen von 10 bis 17 Uhr. Eintritt: Erwachsene 3 Euro, Kinder 1 Euro. Es gibt auch Gruppenführungen außerhalb der Öffnungszeiten und zahlreiche Sonderfahrten mit historischen Bahnen.

Station **Friedberg**, S-Bahn-Linie S6

BURG FRIEDBERG
In der Burg
61169 Friedberg

www.tourismus.wetterau.de
www.frankfurt-rhein-main.de/region/
wetteraus-Kreis

41 FRIEDBERG **BURG**
Barbarossas Festung

Die einst wohl größte Burg Deutschlands steht in Friedberg. Doch so friedlich, wie die Bezeichnung der Anlage klingt, von der der Ort seinen Namen hat, war sie im Mittelalter nicht. Als reichsfreie Stadt liebte Friedberg die Unabhängigkeit, und nicht mal Kaiser Friedrich Barbarossa, der die Festung vermutlich zwischen 1171 und 1180 bauen ließ, gelang es, die Stadt zu unterwerfen. Erst 1834 wurden Burg und Stadt politisch vereint.

Wie alle Burgen steht auch die 3,9 Hektar große Friedberger Anlage auf einem Hügel, in diesem Fall auf einem Basaltfelsen. Der Weg vom Bahnhof Richtung Norden, die Hanauer Straße entlang, führt aber kaum bergan. Nach etwa 500 Metern geht es links und gleich wieder rechts in die Kleine Klostergasse, am Ende rechts in die Usagasse und wieder links in die Sandgasse. An deren Ende sieht man rechts schon das breite südliche Burgtor, zu dem bis ins 18. Jahrhundert eine hölzerne Zugbrücke führte, die die Anlage absicherte.

Heute ist auf dem Areal vom Ursprungsbau der Burg nichts erhalten, dafür kann man zahlreiche Erweiterungen aus dem 14. bis 18. Jahrhundert sehen. Der 58 Meter hohe Adolfsturm von 1347, das Wahrzeichen der Stadt mit einer grandiosen Aussicht auf Taunus, Vogelsberg und das Rhein-Main-Gebiet, ist ebenfalls erhalten. Die barocke Burgwache aus dem 18. Jahrhundert ist der Frankfurter Hauptwache nachempfunden. Heute befinden sich innerhalb der historischen Mauern neben der Burgkirche das Finanzamt und das Burggymnasium. Mehr Infos über die Geschichte der Festung erhält man auf dem Rückweg im Wetterau-Museum, Haagstraße 16.

Die Burg ist frei zugänglich. Der Adolfsturm ist von Anfang April bis Ende Okt. samstags und sonntags von 14 bis 18 Uhr geöffnet. Stadt- und Burgführungen gibt es jeden Sonntag. Treffpunkt ist um 14 Uhr am Wetterau-Museum.

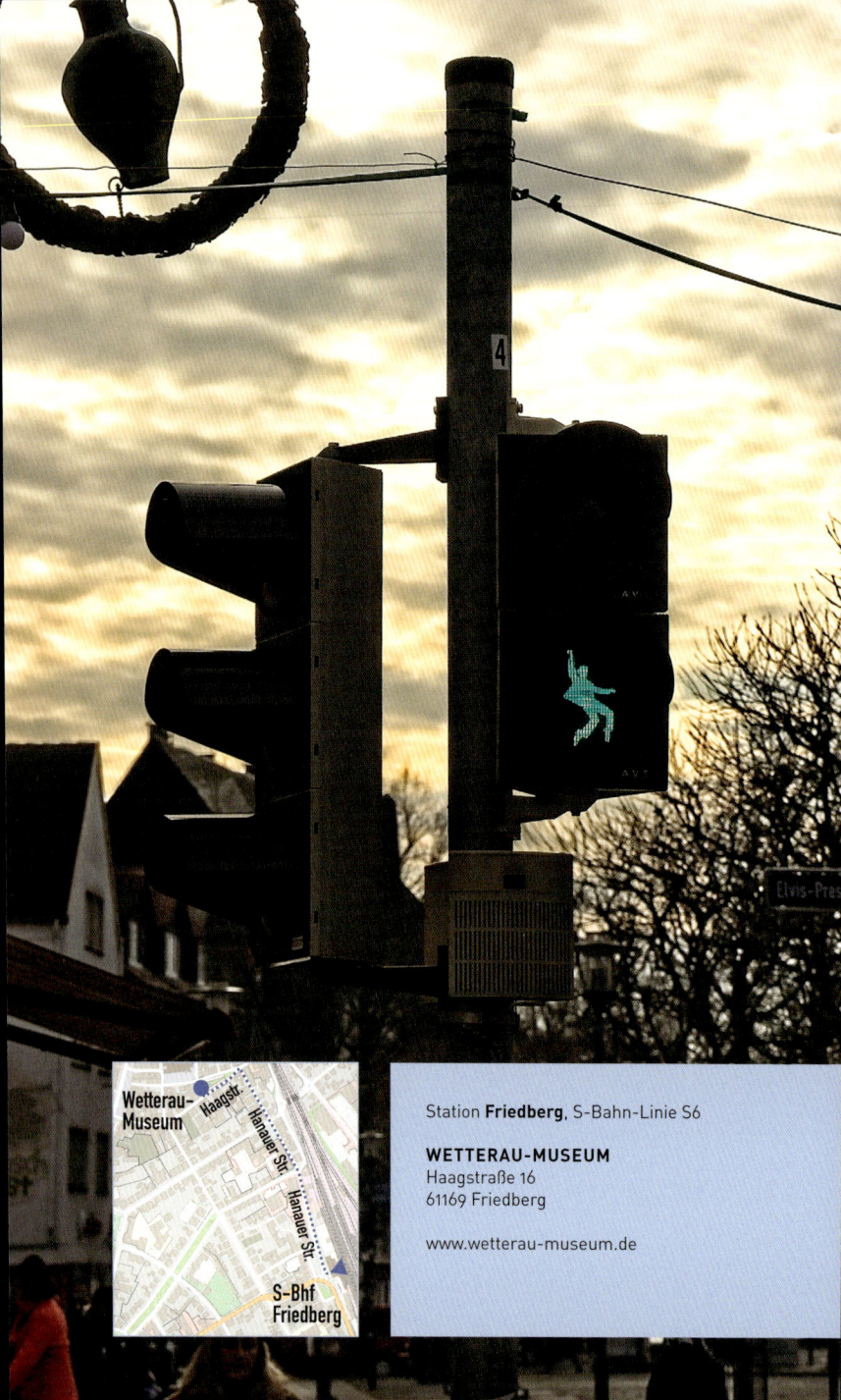

Station **Friedberg**, S-Bahn-Linie S6

WETTERAU-MUSEUM
Haagstraße 16
61169 Friedberg

www.wetterau-museum.de

42 FRIEDBERG **WETTERAU-MUSEUM**
Auf Elvis Presleys Spuren

Die Ehre als Elvis-Presley-Stadt in der Wetterau teilen sich Friedberg und Bad Nauheim. In der einen war er stationiert, in der anderen hat er gewohnt. Die eine stellte Ende 2018 rund um den Elvis-Presley-Platz Fußgängerampeln mit dem Sänger am Mikrofon und mit Hüftschwung als Ampelmännchen auf, die andere zog ein halbes Jahr später nach – mit dem Sänger an der Gitarre.

Vom Bahnhof aus, an dem der King im Oktober 1958 selbst ankam, sind es über die Hanauer Straße vielleicht 500 Meter, bis es links in die Haagstraße geht. Dort steht rechter Hand das Wetterau-Museum, das nicht nur das Leben der Menschen in Friedberg und der Region seit der Steinzeit dokumentiert, sondern auch seit 2003 dem berühmten Besucher der Stadt eine Abteilung mit Fotos von ihm als Soldat und mit Erinnerungsstücken widmet. Elvis leistete von Oktober 1958 bis März 1960 seinen Militärdienst in den Ray Barracks im Süden der Stadt. Am dortigen Kreisverkehr erinnert heute eine Statue an ihn, während das Kasernenareal mit der Baracke 3707, in der Elvis' Pritsche stand, im Dornröschenschlaf liegt.

Der Fußweg dorthin ist zu weit, dafür kann man nach dem Museumsbesuch die Haagstraße einfach weitergehen und trifft fast am Ende rechter Hand auf den Elvis-Presley-Platz, wo der King höchstselbst einen mit elegantem Hüftschwung über die Straße geleitet. Der Standort wurde nicht zufällig gewählt. Gleich mehrmals am Tag soll Elvis an dem Platz entlanggefahren sein, wenn er morgens aus Bad Nauheim in die Kaserne und zur Mittagspause sowie abends wieder zurückfuhr.

Geöffnet: Di. bis Fr. 9 – 12 Uhr und 14 – 17 Uhr, Sa. 10 – 12 und 14 – 17 Uhr, So. 10 – 17 Uhr. Eintritt: 4 Euro, ermäßigt 2 Euro.

Bahnhof **Glauburg-Glauberg**, RB/RE

KELTENWELT AM GLAUBERG
Am Glauberg 1
63695 Glauburg

www.keltenwelt-glauberg.de
www.heimat-und-geschichtsverein-glauburg.de

43 GLAUBURG-GLAUBERG **KELTENWELT**
Auf zum Fürsten!

Der Glauberg ist ein besonderer Ort für Archäologie-Fans. Die dortige Fundstätte, in der unter anderem die rund 2.400 Jahre alte, lebensgroße Statue eines Keltenfürsten entdeckt wurde, zählt zu den bedeutendsten der europäischen Eisenzeit. In einem modernen Museum ist alles rund um die Keltenwelt zu erfahren. Der östliche Rand der fruchtbaren Wetterau hin zum Vogelsberg ist aber auch landschaftlich sehr attraktiv. Deshalb lohnt es sich, mit dem Zug nach Glauburg zu fahren und hinauf zum Museum zu wandern.

Den Bahnsteig in Glauburg verlässt man in östliche Richtung. Gleich gegenüber weist ein Schild auf die unterschiedlichen Wege zum Glauberg hin. Man kann den direkten Fußweg mit steilerem Anstieg wählen, der nur 1,3 Kilometer lang ist und etwa 30 bis 45 Minuten dauert, oder man geht auf dem Panoramaweg rund 2,2 Kilometer den Berg hinauf. Im ersten Fall folgt man der Heegheimer Straße und dann dem Düdelsheimer Weg, bis es links zwischen den Feldern weitergeht. Der Panoramaweg (mit einem weißen Kreis ausgeschildert) geht links in die Rathausstraße, überquert die Hauptstraße, führt zwischen den Häusern links in die Schulstraße und dann rechts die Friedhofsgasse hinauf bis ins freie Gelände mit Blick bis nach Frankfurt. Der Panoramaweg führt jenseits des Glaubergs auf weiteren 9,3 Kilometern vorbei an Resten aus der Keltenzeit über den Ort Stockheim und durch Auengebiet wieder zurück zum Bahnhof.

Neben dem Besuch des rekonstruierten Grabhügels und des Museums ist auch das Glauberg-Plateau in 270 Metern Höhe mit seiner Reichsburg aus dem 12./13. Jahrhundert interessant.

Das Museum ist geöffnet: März bis Okt., Di. bis So. von 10 bis 18 Uhr, Nov. bis Febr., Di. bis So. von 10 bis 17 Uhr.

Bahnhof **Hanau Wilhelmsbad**, RB/RE

WILHELMSBADER KARUSSELL
Kesselstädter Straße
63454 Hanau

www.karussell-wilhelmsbad.de

44 HANAU **KARUSSELL**
Das Älteste der Welt

Der Bahnhof Wilhelmsbad liegt mitten im Grünen. Man wendet sich auf der Burgallee nach links, überquert die Hochstädter Landstraße und ist hinter dem Parkplatz schon mitten drin im weitläufigen englischen Landschaftspark der früheren Kuranlagen, die Erbprinz Wilhelm IX. im 18. Jahrhundert schuf. Er ließ den Park für die mondäne Gesellschaft damals mit zahlreichen „Sensationen" ausstatten, darunter ein Musikpavillon, das barocke Comoedienhaus, die Teufelsbrücke, eine Pyramide und eine Burgruine. Eine der Hauptattraktionen bis heute aber ist das Karussell, das, hat man den Braubach überquert, linker Hand auf einem Hügel im Park liegt.

1780 von Franz Ludwig Cancrin, dem Baumeister des Erbprinzen, konstruiert, gilt es als das älteste erhaltene, feststehende Karussell der Welt. Anfangs wurde es im Inneren des Hügels von Menschen angetrieben. Wer auf einem der Pferde sitzen wollte, den kosteten zwölf Umdrehungen 24 Kreuzer. Das Karussell war mehr als 85 Jahre lang in Betrieb, wurde im Krieg von 1866 aber beschädigt und anschließend modernisiert. 16 Pferde und vier Kutschen drehten seitdem ihre Runden. Doch seit dem Zweiten Weltkrieg stand es endgültig still. Für den Fernseh-Mehrteiler „Der Winter, der ein Sommer war", der 1976 in Hanau entstand, sorgte die Tricktechnik dafür, dass es fuhr. Jahrzehntelang konnten die Hanauer nur davon träumen, eine Runde auf dem historischen Kleinod zu drehen. Erst 2016 gelang dank einer großen Spendenbereitschaft die Instandsetzung. Heute kann man dank des Fördervereins an ausgewählten Tagen wieder Karussellfahren wie zu Kaisers Zeiten.

Bahnhof **Hanau Wilhelmsbad**, RB/RE

HESSISCHES PUPPEN- UND SPIELZEUGMUSEUM
Parkpromenade
63454 Hanau

www.hpusm.de

45 HANAU **PUPPEN- UND SPIELZEUGMUSEUM**
Paradies für kleine und große Kinder

Ein ausgedehnter Spaziergang durch den englischen Landschaftsgarten in Wilhelmsbad kann dauern. Überall wird das Auge angeregt, durch Blickachsen, lauschige Plätze, aber auch Sehenswertes wie die künstliche Burgruine, eine Schlucht und natürlich das einzigartige Karussell (siehe S. 99). Wer noch mehr darüber erfahren möchte, wie man sich in früheren Zeiten ebenjene vertrieben hat, für den lohnt ein Besuch im ehemaligen Kurgebäude, in dem das Hessische Puppen- und Spielzeugmuseum zu finden ist. Erreichbar ist es vom Bahnhof aus leicht, indem man sich auf der Straße nach links wendet, von der Burgallee aus den Park betritt und dem Hauptweg, der sich um den Wasserlauf schlängelt, weiter folgt.

Ob Käthe Kruse oder Schildkröt, ob Prinzessin oder Holzfigur, das Museum beherbergt eine der bedeutendsten europäischen Puppensammlungen. Das Haus hat mit einer Privatsammlung dieser menschlichen Abbilder 1983 auf kleinem Raum begonnen. Heute füllt die Ausstellung die gesamte, etwa 1.000 Quadratmeter große Etage des gelben Arkadenbaus. Es kamen Spiele und Spielzeuge, insbesondere aus Blech hinzu, die von der Antike bis heute zeigen, womit sich Kinder beschäftigten. Das beginnt bei Tierfiguren und tönernen Soldaten, reicht über kostbare hölzerne Puppen mit Spitzenkleidern für wohlhabende Bürgerkinder des 19. Jahrhunderts bis hin zu mechanischen Puppendamen, die tanzen oder sich die Nase pudern können. Hinzu kommen wechselnde aktuelle Themen-Ausstellungen. An jedem zweiten und vierten Sonntagnachmittag im Monat können die Besucher auf einer 20-Meter-Carrera-Bahn sogar selbst ihre Fahrkünste beweisen.

Geöffnet: Di. bis Fr. 10 bis 13 und 14 bis 17 Uhr, am Wochenende 10 bis 17 Uhr. Der Eintritt kostet 3,50 Euro, Kinder 1 Euro.

Station **Heusenstamm**, S-Bahn-Linie S2

ST. CÄCILIA
Kirchstraße
63150 Heusenstamm

www.heusenstamm.de

46 HEUSENSTAMM **PFARRKIRCHE ST. CÄCILIA**
Barocke Pracht

Nur wenige Schritte vom Bahnhof entfernt steht eines der bedeutendsten barocken Bauwerke der Region. Die Pfarrkirche St. Cäcilia, bis 1741 als katholische Begräbniskirche des Heusenstammer Zweiges der Grafen von Schönborn erbaut, ist wegen ihres markanten Glockenturms leicht erkennbar. Ihre Pläne stammen vom Meister des fränkischen Barocks, Balthasar Neumann.

Verlässt man den aus dem Jahr 1898 stammenden Bahnhof, in dem heute das gemütliche Restaurant „Alter Bahnhof" zur Einkehr einlädt, muss man nur den Bahnhofsplatz überqueren, der Schul- und dann der Kirchstraße folgen bis zu dem Kirchenbau, den Heusenstamm einer Frau verdankt. Zwar hatte Anselm Franz Graf von Schönborn geplant, ihn zu errichten, er starb aber, bevor die Pläne umgesetzt werden konnten. Seine Witwe Maria Theresia verpflichtete dafür schließlich den Schönborn'schen Hofarchitekten Neumann. Im Inneren sorgte der Augsburger Maler Christoph Thomas Scheffler für prachtvolle Deckengemälde, die die Auferweckung des Lazarus sowie die Auferstehung Christi und die Anbetung des Lammes zeigen. Der Würzburger Hofbildhauer Johann Wolfgang von der Auwera steuerte den beeindruckenden Hochaltar bei. Die Bauherrin verstarb allerdings noch vor der Einweihung in Wien, wo sie beigesetzt wurde. Ihr Herz aber wurde in der Gruft in St. Cäcilia bestattet, wo auch ihr Mann liegt.

Beim Verlassen der Kirche steht rechts der ebenfalls sehenswerte Torbau, den einer der Grafen 1764 zum Gedenken an den Besuch des späteren Deutschen Kaisers Joseph II. als Stadttor errichten ließ. Links kommt man zum Schönborn'schen Schloss mit Herrengarten.

Geöffnet: Febr. bis Okt. von 9.30 bis 17 Uhr, Nov. bis Jan. von 9.30 bis 16 Uhr. Kirchenführungen gibt es auf Anfrage im Pfarrbüro, Tel. 06104-2551.

Station **Mainz Hauptbahnhof**, S-Bahn-Linien S8, S9

MAINZER FASTNACHTSMUSEUM
Proviant-Magazin
Neue Universitätsstraße 2
55116 Mainz

www.mainzer-fastnachtsmuseum.de

47 MAINZ **FASTNACHTSMUSEUM**
Narrhallamarsch!

Die „Meenzer Fassenacht" ist mehr als 180 Jahre alt und ein wichtiger Teil der städtischen Kultur. Entsprechend huldigt Mainz seiner Tradition im Fastnachstmuseum. Seit 1972 werden auf Initiative des damaligen Bürgermeisters Exponate dazu gesammelt. Doch weil es immer an Geld und Räumen fehlte, konnte das Museum, das bis heute ehrenamtlich geführt wird, erst 2004 im Proviant-Magazin, einem historischen Backsteinbau mit zwei stattlichen Türmen, eröffnet werden. Es liegt nur knapp zehn Gehminuten vom Hauptbahnhof entfernt. Man muss dafür den Bahnhofplatz überqueren und der Bahnhofstraße folgen, dann rechts in die Hintere Bleiche einbiegen, die in die Münsterstraße mündet. Nach einigen Metern sieht man links eine Grünanlage und dahinter das Proviant-Magazin mit dem „Klepperbub" der gleichnamigen Garde vorm Eingang.

Die vor allem durch Schenkungen zusammengetragene Sammlung närrischer Objekte, Dokumente, Filme und Fotos umfasst mehr als 25.000 Stücke. Vieles liegt im Archiv. Einiges – von der Narrenkapp über die Orden bis zu den berühmten „Schwellköpp" des Rosenmontagszugs – ist ausgestellt, gegliedert nach den Themen Mainzer Fastnacht, Straßen-, Saal- und Fernsehfastnacht, natürlich mit Ausschnitten aus „Mainz bleibt Mainz wie es singt und lacht", Kostümen von Margit Sponheimer und Ernst Neger. In der „Bütt" können die Besucher sich stilecht mit der Narrenkapp fotografieren lassen. Wer dann endgültig vom Bazillus narrhallensis befallen ist, einige Meter weiter südöstlich, am Schillerplatz, steht der fast neun Meter hohe Fastnachtsbrunnen: Symbol sprudelnder Mainzer Lebensfreude.

Geöffnet: Di. bis So. 11 bis 17 Uhr. Eintritt: Erwachsene 2,50 Euro, Kinder bis 14 Jahre 1,50 Euro. Führungen, auch für Gruppen, nach Voranmeldung.

Station Mainz **Römisches Theater**, S-Bahn-Linie S8

ISIS-HEILIGTUM
Römerpassage 1
55116 Mainz

www.roemisches-mainz.de,
web.rgzm.de/museen

48 MAINZ **RÖMISCHES THEATER**
Auf den Spuren der Römer

Um sich eine Vorstellung von einem antiken Theater und seinen Ausmaßen zu machen, muss man nicht nach Rom reisen. Direkt hinter dem S-Bahnhof (am Ende des südlichen Bahnsteigs geht eine Treppe hoch) sind die Überreste eines römischen Theaters zu sehen, in dem 10.000 Zuschauer Platz fanden.

In Mainz kann man an vielen Stellen 2.000 Jahre in die Vergangenheit zurückreisen und die Spuren der Römer entdecken. Etwa das bis heute älteste erhaltene Bauwerk der Stadt, den Drususstein, der dem Gründer des Legionslagers Mogontiacum gewidmet ist, aus dem sich die Stadt Mainz entwickelte. Vom Römischen Theater aus geht es den Zitadellenweg hinauf, vor der aus dem 17. Jahrhundert stammenden Zitadelle links zum knapp 20 Meter hohen Monument aus dem Jahr 9 vor Christi Geburt.

Verlässt man das Gelände in nordwestlicher Richtung, stößt man nach einer Brücke auf den Eisgrubweg und geht diesen immer geradeaus. Nach gut fünf Minuten trifft man in der Grünanlage eines Wohnkomplexes am Kästrich aufs Römertor, ein aus dem 4. Jahrhundert stammendes Stadttor samt Straßenpflaster. Etwas weiter nördlich, in der Anlage am Proviantamt, wurden die Reste eines römischen Wohnhauses mit Fußbodenheizung, dem Hypokaustum, rekonstruiert. Von dort ist das Isis- und Mater-Magna-Heiligtum in der Römerpassage, die Hauptattraktion des römischen Mainz, einen kurzen Fußweg Richtung Nordwesten entfernt. Auf dem Rückweg zur S-Bahn-Station kann man im Museum für Antike Schifffahrt in der Neutorstraße 2b zwei römische Kriegsschiffe sehen und hoffentlich bald nebenan das neue Römisch-Germanische Zentralmuseum besuchen.

Das Museum für Antike Schifffahrt ist geöffnet: Di. bis So. 10 bis 18 Uhr.
Der Eintritt ist frei.

Station **Mainz-Kastel**, S-Bahn-Linien S1, S9

MUSEUM CASTELLUM
Reduit am Rheinufer
55252 Mainz-Kastel

www.museum-castellum.de

49 MAINZ-KASTEL **MUSEUM CASTELLUM**
In der Reduit

Schaut man aus der Bahn Richtung Mainufer, sieht man das markante langgezogene Backsteingebäude mit den vielen Schießscharten bereits. Bei den Mainzern und Wiesbadenern (zu denen Mainz-Kastel seit Kriegsende gehört) heißt es nur „die Reduit", was im Französischen so viel bedeutet wie Kammer oder Kern einer Festung. Eigentlich ist es eine Reduit-Kaserne und Teil der so genannten „Bundesfestung", mit der Deutschland zu Beginn des 19. Jahrhunderts sein Territorium vor den Franzosen verteidigen wollte. Deshalb befestigte man auch den Brückenkopf in Kastel und erbaute die zweistöckige Kaserne.

Im Zweiten Weltkrieg wurde die Reduit teilweise zerstört. Mittlerweile restauriert, beherbergt sie seit 1990 das Museum Castellum, das die mehr als 2.000-jährige Geschichte des Ortes von der Römerzeit bis heute dokumentiert. Mithilfe von wertvollen Münzfunden, dem Nachbau einer römischen Therme, einer rekonstruierten historischen Druckerei aus der Zeit Gutenbergs bis hin zu alten Uniformen, Militärutensilien und historischen Fotos wird diese lebendig gemacht.

Wer danach noch Lust auf mehr hat, nur ein paar Schritte hinter der Reduit hat die Gesellschaft für Heimatgeschichte, die auch das Museum betreibt, im ersten Stock der „Bastion von Schönborn" den Beruf der Flößer anhand von Werkzeugen und Bildern rekonstruiert. Jenseits des Bahnhofs, hinter der St.-Georgs-Kirche, steht zudem das Museum Römischer Ehrenbogen. Dieses erreicht man am besten, indem man am Rheinufer unter der Theodor-Heuss-Brücke und dann durch die Fußgängerunterführung geht, die zugleich Galerie für internationale Sprayer ist.

Geöffnet von März bis Nov. sonntags von 10.30 bis 12.30 Uhr. Gruppenführungen sind jederzeit möglich.

Bahnhof **Messel**, RB/RE

WELTERBE GRUBE MESSEL
Roßdörfer Straße 108
64409 Messel

www.grube-messel.de

50 MESSEL **GRUBE MESSEL**
Weltnaturerbe

Der Weg vom Bahnhof Richtung Süden, immer die Roßdörfer Straße entlang, und dann links der Beschilderung folgend auf das Grubengelände ist ausnahmsweise fast zwei Kilometer lang. Dafür ist das Ziel um so spektakulärer. Die Grube Messel ist weltweit einzigartig und zählt zu den bedeutendsten Fossilien-Fundstätten überhaupt. Die UNESCO ernannte sie 1995 deshalb als erstes deutsches Naturdenkmal zum Weltnaturerbe. In der heute etwa 800 Meter großen und 65 Meter tiefen Mulde wurden in einem stillgelegten Ölschiefer-Tagebau Fossilien gefunden, die rund 48 Millionen Jahre alt sind und einen Blick auf die frühe Entwicklung der Säugetiere ermöglichen. Bislang kamen mehrere Zehntausend Fossilien aus der Zeit des Eozäns ans Tageslicht, darunter Vertreter aller Wirbeltiergruppen, Insekten und Pflanzen. Die spektakulärsten Funde sind mehrere Dutzend vollständige Skelette des nur etwa 50 Zentimeter großen Eurohippus, des Urpferdes, aber auch das bisher älteste bekannte Fett von Wirbeltieren in der Bürzeldrüse eines Vogels.

Auf die ersten Funde in der Grube, in der seit 1859 zunächst Erz, dann Ölschiefer abgebaut wurde, stieß man bereits im 19. Jahrhundert. Anfang der 1970er Jahre sollte die Grube dennoch zur zentralen Mülldeponie Südhessens werden. Eine Bürgerinitiative kämpfte dagegen, so dass der Bau der Deponie Ende der 1980er Jahre gestoppt werden konnte. Seit 1992 betreibt die Senckenbergische Naturforschende Gesellschaft Frankfurt die Grube als Wissenschaftsbergbau. Heute gibt es dort ein informativ gestaltetes Besucherzentrum sowie eine Aussichtsplattform am Rand der Grube.

Geöffnet täglich von 10 bis 17 Uhr. Eintritt Besucherzentrum: Erwachsene 10 Euro, Familien 7 Euro, Grube (einstündige Führung): Erwachsene 7 Euro, Familien 7 Euro. Die Grube ist nur mit Führung zugänglich. Es fährt auch ein Bus zwei Stationen vom Bahnhof bis zur Abzweigung zum Besucherzentrum.

Station **Oberursel – Lahnstraße**,
U-Bahn-Linie U3

DAMPFBAHNCLUB-TAUNUS
Mainstraße 25
61440 Oberursel

www.dbc-taunus.de

51 OBERURSEL **DAMPFBAHNCLUB**
Paradies für Eisenbahnfans

Von der Schiene auf die Schiene: Auf einem 6.000 Quadratmeter großen Gelände in Oberursel lebt ein Stück Industriegeschichte wieder auf, wenn auch nur im Kleinen. Dort ziehen die guten alten Dampfloks ihre Runden. Nicht die echten, aber maßstabsgetreue Nachbildungen im Verhältnis 1:8 oder 1:10. Sogar einen Bahnhof mit drei Bahnsteigen, einen Rangierbahnhof und einen 30 Meter langen Tunnel gibt es auf dem Gelände, das die Männer vom Dampfbahnclub Taunus mit viel Schweiß und Elan in Handarbeit bebaut haben.

Das Kleinod für Eisenbahnfans erreicht man von der U-Bahn aus. Man überquert die Hohemarkstraße und geht in die Lahnstraße, der man bis zur nächsten Ampelkreuzung folgt. Dort geht es links in die Dornbachstraße und nach etwa 150 Metern rechts in die Mainstraße. Dort sieht man nach weiteren 200 Metern rechts das große Flügelsignal, hinter dem der Eingang liegt.

Einmal im Monat, zum öffentlichen Fahrtag, lädt der Club alle Interessierten ein, sich den Eisenbahnpark anzuschauen und mal in einem Zug mitzufahren. Mehr als ein Dutzend selbstgebaute Dampfloks gehören zum Fuhrpark des Vereins, der seit 1977 besteht. Und darin steckt viel Herzblut. 2007 mussten die Mitglieder das zuvor liebevoll hergerichtete Gelände für einen Schulneubau abgeben und bauten am heutigen benachbarten Standort eine neue Anlage, die nach mehr als drei Jahren 2018 eröffnet wurde und an der natürlich immer noch weiter gebaut wird. Wenn dort die Lokomotiven ordentlich Dampf machen, dann kann man schon nostalgisch werden.

Geöffnet von April bis Okt. immer am zweiten Sonntag im Monat von 10 bis 17 Uhr. Der Eintritt kostet für Erwachsene 2,50 Euro, für Kinder einen Euro, die Fahrkarte kostet einen Euro.

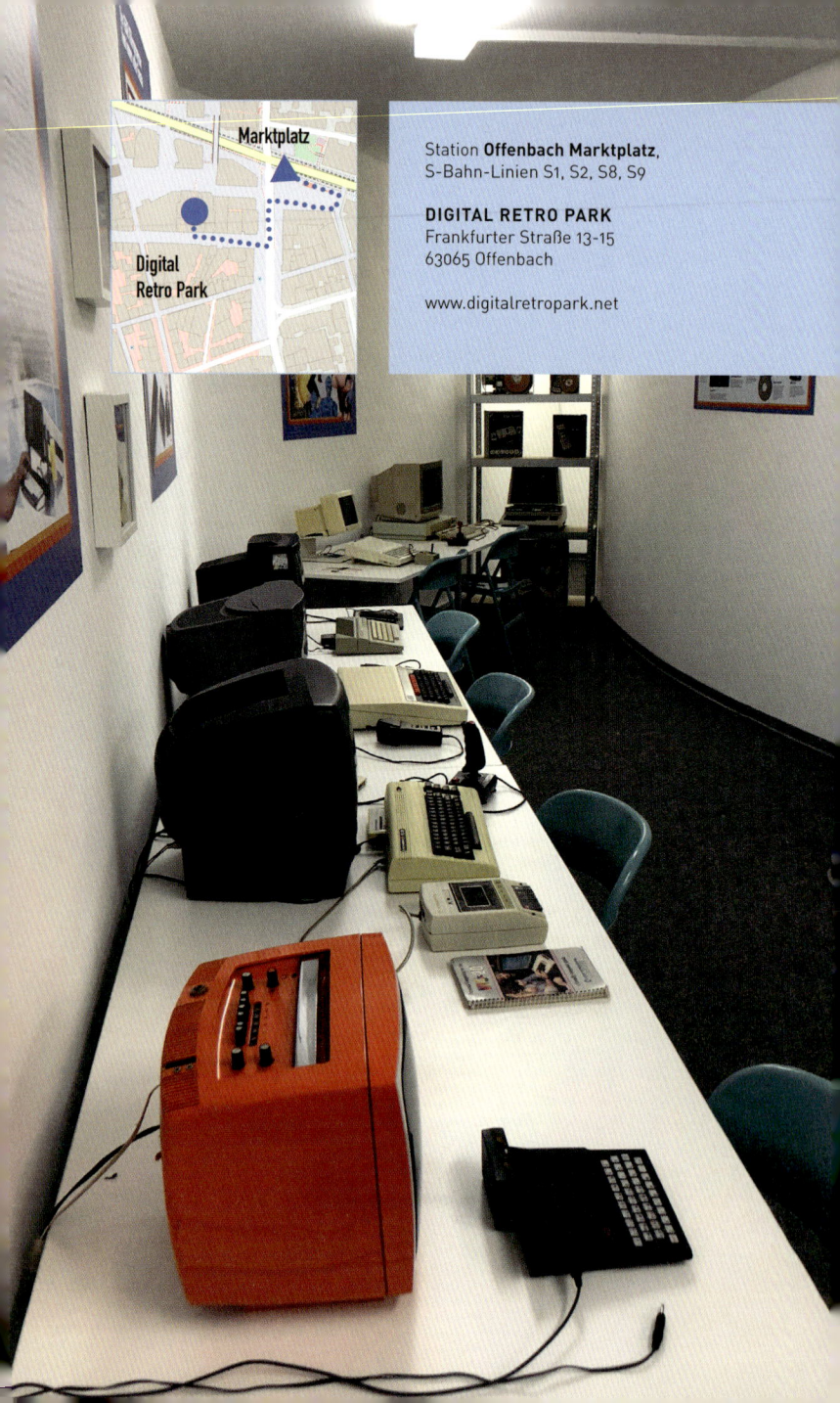

Station **Offenbach Marktplatz**,
S-Bahn-Linien S1, S2, S8, S9

DIGITAL RETRO PARK
Frankfurter Straße 13-15
63065 Offenbach

www.digitalretropark.net

52 OFFENBACH **DIGITAL RETRO PARK**
Computer-Welten

Gehören Sie zur Generation, die noch mit dem Commodore C 64 gespielt hat? Dann müssen Sie den Digital Retro Park in Offenbach besuchen. Ein gemeinnütziger Verein hat in der Frankfurter Straße im Oktober 2018 ein Museum rund um die Geschichte der Computertechnik eingerichtet. Man geht vom Marktplatz aus nur wenige Minuten die Straße in südlicher Richtung hinunter und dann rechts in die Frankfurter Straße, bis auf der rechten Seite die Walter-Passage auftaucht, in der das Museum residiert. Gedacht ist es vor allem für Schulklassen, die über die Historie die moderne Informationstechnik besser begreifen können. Aber auch Retro-Fans, Computer-Nerds und Kids dürfen an den Konsolen daddeln, durch die Räume schlendern oder in Erinnerungen schwelgen.

Gut, die Geschichte des Computers umfasst nicht viel mehr als 40 Jahre, doch die Geschwindigkeit der Entwicklung von Home-Computern und Spielekonsolen ist erstaunlich. Auf zwei Etagen kann man diese im Museum nicht nur anhand von Zeitstrahlen nachverfolgen, man erlebt auch C 64, Atari, Apple & Co. sowie einige Raritäten angeschlossen und kann sie selbst ausprobieren. Entsprechende Erläuterungen dazu geben große Plakate an den Wänden. Im oberen Stock ist sogar eine gute Stube der 1970er Jahre nachgebildet, inklusive Quellekatalog unterm Tisch und Spielkonsole am Fernseher.

Für den Verein, der die Sammlung aufgebaut hat und sich schon länger ein eigenes Museum wünschte, ist es ein Herzensprojekt. Die Mitglieder betreiben die Einrichtung ehrenamtlich. Im angeschlossenen Café Commons kann man daher sicher auch einen kleinen Techno-Smalltalk an der Theke halten.

Geöffnet: Di. bis Sa. von 11 bis 17 Uhr. Eintritt: 5 Euro, Kinder bis 6 Jahre kostenlos.

Station **Deutsches Ledermuseum**,
S-Bahn-Linien S1, S2, S8, S9

DLM DEUTSCHES LEDERMUSEUM
Frankfurter Straße 86
63067 Offenbach am Main

53 OFFENBACH **DEUTSCHES LEDERMUSEUM**
Weltweit einzigartig

Offenbach war mehr als 200 Jahre lang eine florierende Lederstadt. Hier wurden Schuhe und Designer-Taschen für den weltweiten Verkauf gefertigt. Für die Ausbildung junger Designer, Handwerker und Lederwarenproduzenten ließ der Leiter der Technischen Lehranstalten, Hugo Eberhardt, ab 1917 historische Vorlagen zusammentragen. Seit 1938 ist diese Sammlung im Deutschen Ledermuseum an der Frankfurter Straße zu finden, das zu Fuß von der S-Bahn-Station in südlicher Richtung in wenigen Minuten zu erreichen ist.

Das Museum ist die weltweit einzige Einrichtung, die ausschließlich alles rund um das Material Leder sammelt – mittlerweile mehr als 30.000 Objekte aus allen Kulturen und Epochen. Im Grunde sind es drei Kollektionen in einem Haus: eine für angewandte Kunst, eine ethnologische und das Deutsche Schuhmuseum. Letzteres ist nicht nur Anziehungspunkt für schuhbegeisterte Frauen. Die Besucher können zwar 15-Zentimeter-Plateauschuhe von Vivienne Westwood bewundern, aber auch einiges über die Ursprünge des Schuhwerks lernen. Etwa, dass im ägyptischen Theben die Menschen bereits lederne Slipper trugen. Eines der Prachtstücke der Sammlung ist ein solcher Halbschuh aus weißem und vergoldetem Leder, eine Grabbeigabe aus dem 3. bis 6. Jahrhundert.

Das Schuhwerk berühmter Frauen wie der Kaiserin Sissi oder der Sängerin Zarah Leander, die übrigens auf sehr großem Fuß lebte, ist ebenfalls zu sehen. Selbst Joschka Fischer hat seine berühmten weißen Turnschuhe, in denen er als erster grüner Minister in Hessen den Amtseid ablegte, als Leihgabe zur Verfügung gestellt.

Geöffnet: Di. bis So. 10 bis 17 Uhr. Eintritt: Erwachsene 8 Euro, Kinder bis 15 Jahre 3 Euro, Familien 16 Euro.

54 RÜSSELSHEIM **FESTUNG**
Meterdicke Mauern

Die imposanten Festungsmauern lassen erahnen, wie sehr die Landgrafen von Hessen einst ihr Territorium verteidigen mussten. Noch heute kann man die rechteckige Festung vom Wall aus betrachten oder zu den Ruinen der Verteidigungsrondelle laufen, um die meterdicken Mauern aus der Nähe zu sehen. Von der S-Bahn-Station aus spaziert man aber zunächst mal Richtung Norden durch die Fußgängerzone, dann die Bahnhofstraße weiter entlang, bis diese auf die Frankfurter Straße trifft. Gegenüber geht es in den schönen Verna-Park (siehe S. 61), in dem man sich am Palais Verna vorbei bis zum Ausgang immer rechts halten muss. Genau gegenüber geht es noch ein paar Schritte an den Opelvillen (siehe S. 181) vorbei bis zur Festung, die ab 1479 unter Heinrich III. von Hessen ausgebaut wurde. Kaiser Karl V. ließ sie 1547 schleifen, französische Truppen sprengten den Nachfolgebau gut ein Jahrhundert später. Erst 1954 wurden die Ruinen öffentlich zugänglich, mittlerweile sind sie denkmalgerecht restauriert.

Betritt man das Festungsinnere, so bekommt man erst einmal einen Schreck. Mitten im mittelalterlichen Gemäuer steht ein Betonbau aus den 1970er Jahren im Stil des Brutalismus. Dort residiert seit 1976 das Stadt- und Industriemuseum, das deutschlandweit erstmals die Geschichte der Industrialisierung mit der Erfahrungswelt betroffener Menschen verband und dafür ausgezeichnet wurde. Bis heute kann man lernen, wie Rüsselsheim zu seinem Namen kam. Das Café in der Festung lädt anschließend zur Rast ein – besonders, wenn man im Sommer mit dem Museum im Rücken im Hof sitzt und auf die alten Mauern blickt.

Geöffnet: Di. bis Fr. 9 bis 13 Uhr und 14 bis 17 Uhr. Sa. und So. 10 bis 17 Uhr. Eintritt: 3,50 Euro, Kinder und Jugendliche 2 Euro. Es gibt Festungsführungen, auch abends bei Fackelschein.

Station **Wiesbaden Hauptbahnhof**,
S-Bahn-Linien S1, S8, S9

FRAUEN MUSEUM WIESBADEN
Wörthstraße 5
65185 Wiesbaden

www.frauenmuseum-wiesbaden.de

55 WIESBADEN **FRAUENMUSEUM**
Künstlerinnen und Göttinnen

Ob Malerei, Collage oder feministische Zeitschriften, die Bandbreite der Ausstellungen im Frauenmuseum ist groß. Immer aber geht es um weibliche Lebenswelten, und das schon seit 35 Jahren. So lange gibt es die Einrichtung bereits, die eins von nur drei Frauenmuseen in Deutschland ist. Rund 16.000 Besucherinnen und Besucher kommen jährlich in das Haus mit Hinterhofflair im ehemaligen Kornspeicher in der Wörthstraße, in der es nach dem Umzug aus der Nerostraße seit 1991 residiert.

Vom Bahnhof aus geht es durch die Unterführung und danach die Hauptstraße entlang bis zur Oranienstraße, in die man rechts einbiegt. Dann geht man nach wenigen Metern links in die Herderstraße, an deren Ende rechts in die Schiersteiner. Weiter geht es gleich halb links in die Wörthstraße und am Ende links durch einen Torbogen.

Der Verein Frauenwerkstatt Wiesbaden betreibt das rund 600 Quadratmeter große Museum bis heute ehrenamtlich und mit viel persönlichem Engagement. Ausstellungen wollen kuratiert, der laufende Betrieb bewerkstelligt, die hauseigene Bibliothek und das Archiv gepflegt werden. Eine Dauerausstellung zeigt Frauen- und Göttinnendarstellungen aus unterschiedlichen Epochen. Stets wechselnde Schauen geben zudem Einblicke in das Schaffen von Künstlerinnen oder präsentieren inspirierende Frauen. Dieser spezielle Blick auf die Geschichte und Kultur von Frauen war in den 1980er Jahren neu und notwendig, ist aber bis heute aktuell. Und Männer sind dabei immer willkommen.

Geöffnet: Mi., Do., Sa. und So. 12 bis 17 Uhr.

Station **Zeppelinheim**, S-Bahn-Linie S7

ZEPPELIN-MUSEUM
Kapitän-Lehmann-Straße 2
63263 Neu-Isenburg/Zeppelinheim

www.zeppelin-museum-zeppelinheim.de

56 ZEPPELINHEIM **ZEPPELIN-MUSEUM**
Blick in die Zeit der Luftschiffe

Die feine Gesellschaft der 1920er und 1930er Jahre reiste von Deutschland aus mit dem Zeppelin nach Nord- und Südamerika. Ab 1936 starteten Luftschiffe wie die „Hindenburg" und die „Graf Zeppelin" vom neuen Flug- und Luftschiffhafen Rhein-Main über den Atlantik. Das Geschäft boomte, so dass die Deutsche Zeppelin Reederei für das Bord- und Bodenpersonal in unmittelbarer Nähe des neuen Arbeitsplatzes sogar eine Wohnsiedlung errichten ließ. 1938 wurde Zeppelinheim zur eigenständigen Gemeinde.

Ehemalige Luftschiffer, aber auch Zeppelin-Begeisterte, schlossen sich 1977 zusammen, um alles rund um das Thema Luftschifffahrt zu sammeln. 1988 wurde dafür das Museum als Anbau des Bürgerhauses eröffnet. Der Weg dorthin ist einfach. Aus der S-Bahn-Station kommend, geht es die Flughafenstraße in Richtung Ortsmitte entlang. In die Mathilde-Rösch-Straße biegt man links ein, dann noch einmal rechts in die Kapitän-Lehmann-Straße. Nach etwa 400 Metern liegt das Museum auf der rechten Seite.

Drinnen taucht man in die versunkene Luftschiff-Ära ein, die mit feinem Porzellan und Tafelsilber in der Kabine für absoluten Luxus stand. Die Bordausstattung ist ebenso im Museum zu sehen wie Modelle von Luftschiffen oder der nachgebildete Ausschnitt des Passagierdecks der „Hindenburg", die 1937 in Lakehurst in Flammen aufging und das Ende der Luftschifffahrt besiegelte.

Auf dem Rückweg lohnt sich ein kleiner Umweg durch die Kapitän-Flemming-, oder die Kapitän-Strasser-Straße, südlich der Flughafenstraße. Dort sieht man, wie die ursprüngliche Zeppelin-Siedlung ausgesehen hat.

Geöffnet: Fr. von 14 bis 17 Uhr, Sa. und So. von 11 bis 17 Uhr. Die Besucher entscheiden selbst über die Höhe des Eintrittspreises. Gruppenführungen gibt es dienstags bis sonntags auf Anmeldung, auch reine Kinderführungen sind möglich.

Station **Darmstadt Hauptbahnhof**,
S-Bahn-Linie S3

WESTSTADTCAFÉ
Mainzer Straße 106
64293 Darmstadt

www.weststadtcafe.de

57 DARMSTADT **WESTSTADTCAFÉ**
Für Gleisanbeter

Im Sommer soll man hier die schönsten und längsten Sonnenuntergänge der Stadt genießen können – das sagt zumindest der Betreiber. Aber auch sonst ist das Weststadtcafé eine Institution in Darmstadt. In der ehemaligen Wagenhalle der Bundesbahn an einem stillgelegten Gleis nahe dem Hauptbahnhof kann man seit 1998 zwischen Weichen und Signallampen von April bis Ende September gemütlich sein Feierabendbier trinken.

Auch wenn die Halle zum Bahnhofsgelände gehört, der Weg ist mit knapp 20 Minuten ein bisschen weiter. Aus dem Bahnhof geht es links in die Poststraße, die in die Goebelstraße mündet. An der nächsten Kreuzung biegt man rechts ab in die Bismarckstraße, dann links in die Kirchenallee. Nach 350 Metern geht es links in die Landwehrstraße, der man folgt, bis auf der linken Seite endlich das Café zu sehen ist.

Die Halle mit den großen Fenstern ist an einer Seite fast vollständig zu öffnen. Im Freien davor gibt es ebenfalls Sitzgelegenheiten. Und einen besonderen Service: Dort steht nämlich ein Gemeinschaftsgrill, auf dem jeder Gast seine mitgebrachten Würste oder anderes Grillgut zubereiten kann. (Wer zuerst kommt, darf anfeuern.) Für bis zu acht Personen stellt das Café sogar die Kohle, Pappteller und Besteck zur Verfügung. Gesättigt und entspannt kann man dann die Abendsonne genießen. Der eine oder andere Lokführer, der seinen Zug an den Feiernden vorbeilenkt, grüßt auch schon mal fröhlich hupend. Und wer danach noch tanzen möchte, die Weststadtbar in der Lok-Halle etwas weiter nördlich, hinter dem Ponyhof, bietet ab und zu Salsa und Tango Argentino an.

Geöffnet von April bis Ende Sept. täglich ab 17 Uhr, So. ab 15 Uhr.

Station **Eppstein**, S-Bahn-Linie S2

WUNDERBAR WEITE WELT
Am Stadtbahnhof 1
65817 Eppstein

www.wunderbar-weitewelt.de

58 EPPSTEIN **WUNDERBAR WEITE WELT**
Club mit Bahnanschluss

Das Bahnhofsgebäude aus dem Jahr 1903, mit dem markanten Fachwerk-Dachgeschoss, steht modernisiert und schick herausgeputzt gleich hinter dem Gleis. Kein Wunder, dass es 2018 vom Bündnis Allianz pro Schiene den Titel „Bahnhof des Jahres" verliehen bekam. Das lag aber nicht nur an dem, nach einem 10-jährigen Dornröschenschlaf, liebevoll sanierten Gebäude, sondern auch an der neuen Nutzung. Ralf Otto, einst Gründer der Wunderbar in Höchst, steckte vor 12 Jahren viel Herzblut in die Gestaltung seiner neuen „Wunderbar Weite Welt", die er mit zwei Partnern betreibt. Sehr farbenfroh, mit sonnengelben Wänden und Mosaik an den Säulen, gestalteten sie den Gastraum im ersten Stock. Der Wintergarten bietet viel Licht und Blick auf die Gleise. Im Sommer sitzt man idyllisch vor dem Gebäude, mit Blick auf die Burg.

Doch die „Wunderbar Weite Welt" ist mehr als ein Restaurant mit afrikanischen, asiatischen, orientalischen und regionalen Leckereien, Kuchen, einer Kinderspielecke oder auch Räumen für Familienfeste. Längst ist das Lokal Anziehungspunkt für Musikfans, die früher in Frankfurt in den Sinkkasten oder ins Blues & Beyond gegangen sind.

Wo tagsüber im ersten Stock die Spielfläche für kleine Kinder ist, wird abends die Bühne aufgebaut. Fast jede Woche gibt es im Bahnhof Live-Konzerte von internationalen Bluesrock- und Southern-Rock-Musikern. Dabei reisen nicht nur die Künstler aus den USA, Kanada oder sogar Australien an, auch die Besucher kommen mal aus Frankfurt, mal sogar aus Spanien. Sie alle schätzen die kulinarische und kulturelle Wunder-Stätte mit Bahnanschluss mitten im Taunus.

Geöffnet: Mo. bis Fr. 9 bis 1 Uhr, Sa. 10 bis 1 Uhr, So. 10 bis 23 Uhr. Küche täglich bis 23 Uhr, So. bis 22 Uhr.

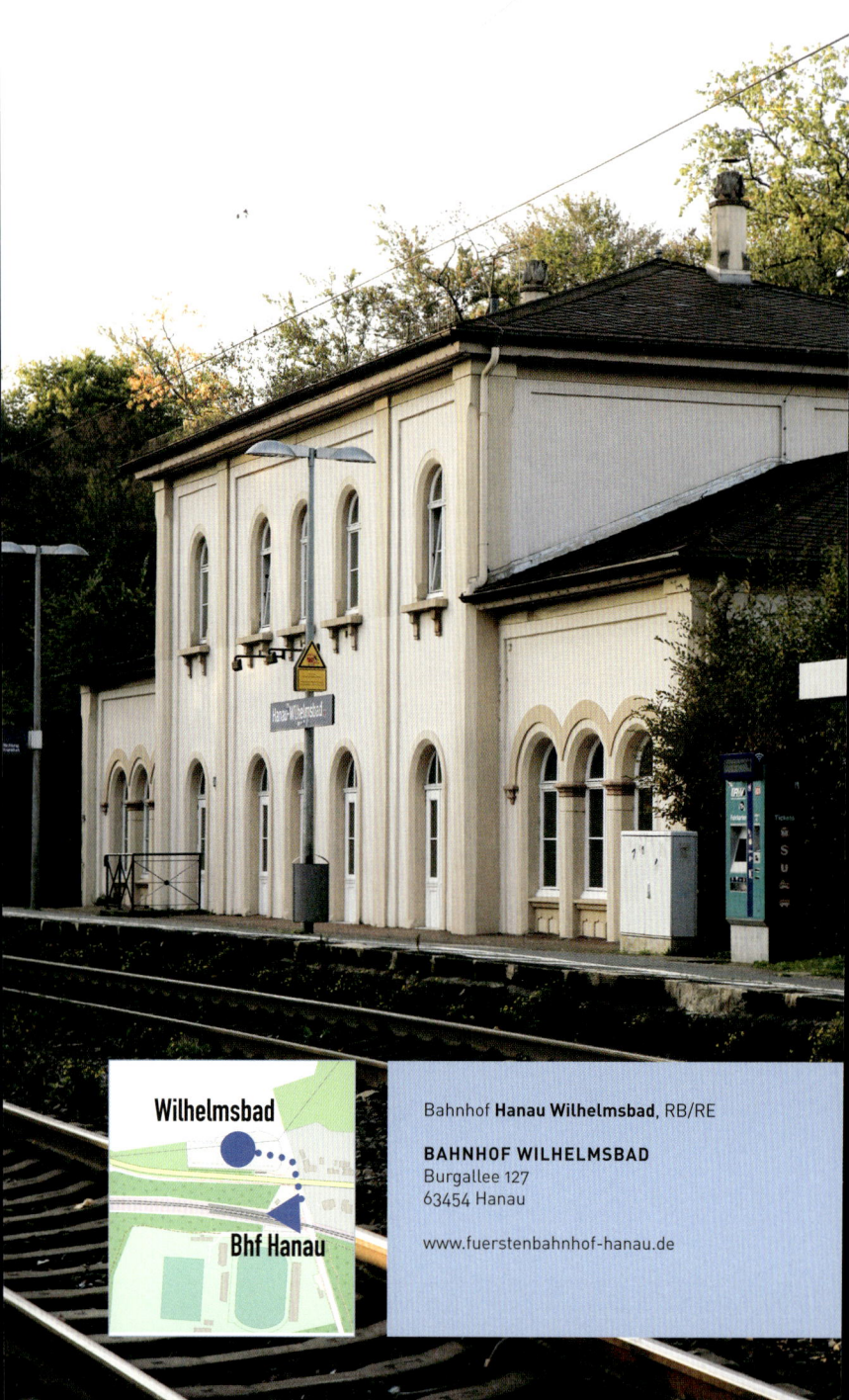

59 HANAU **BAHNHOF WILHELMSBAD**
Gastronomie im Fürstenzimmer

Der Bahnhof Wilhelmsbad ist ein ehemaliger Fürstenbahnhof. Er wurde in der Nähe des Schlosses Philippsruhe (siehe S. 47) errichtet, das damals kurfürstliche Residenz war und das etwa zwei Kilometer immer der Burgallee nach Süden folgend liegt. Das Empfangsgebäude des Bahnhofs aus dem Jahr 1848 ist eines der ältesten erhaltenen in Hessen und verfügte damals über ein edel eingerichtetes „Fürstenzimmer" als Wartebereich für die hohen Herrschaften. Der Bahnhof diente aber zugleich als Anbindung an die Kur- und Badeanlage Wilhelmsbad, die der Erbprinz Wilhelm IX. von Hessen-Kassel zwischen 1777 und 1785 hatte anlegen lassen. Schon kurz nach der Eröffnung des Bahnhofs sollen bei gutem Wetter an Feiertagen bis zu 16.000 Menschen mit der Bahn angereist sein, um die weitläufigen Kuranlagen und Attraktionen wie das Karussell (siehe S. 99) und die künstliche Burg zu erleben.

Heute ist der Bahnhof während der Woche vor allem Einstiegsstation vieler Pendler. Am Wochenende dagegen ist er weiterhin Anziehungspunkt der Spaziergänger und Ausflügler des Staatsparks. Denn seit der Privatisierung des Bauwerks in den 1990er Jahren werden das ehemalige Fürstenzimmer und weitere Räume im Erdgeschoss gastronomisch genutzt. Auch ein großer Sommergarten direkt vor dem historischen Gebäude, geschützt hinter hohen Hecken, lädt zur Einkehr ein. Die griechischen Gastgeber bieten frische mediterrane und griechische Küche an, am Wochenende sogar schon ab mittags.

Geöffnet ist der Fürstenbahnhof am Wochenende von 11 bis 24 Uhr, dienstags bis freitags von 17 bis 1 Uhr.

Station **Obertshausen**, S-Bahn-Linie S1

CAFÉ PUR
Brühlstraße 6
63179 Obertshausen

www.cafepur.de

60 OBERTSHAUSEN **CAFÉ PUR**
Paradies mit Zimtschnecke

Im alten Bahnhof von Obertshausen duftet es nach Zimtschnecken. Jeden Morgen backt Steffi Schneider die kleinen runden Köstlichkeiten, die zum Markenzeichen des dortigen „Café Pur" geworden sind. Bereits vom Gleis aus sieht man das Gebäude aus gelbem Backstein. Einmal um den Bahnhof herum, tritt man durch die schwere Holztür in das liebevoll restaurierte und eingerichtete Industriedenkmal. Ein bisschen Bahnhof lebt hier weiter. Das Fenster des Fahrkartenschalters dient als Raumtrenner. Das alte Stellwerk stützt einen Tresen. Und über allem schwebt die historische Bahnhofsuhr.

Die 26-jährige Steffi Schneider, die eigentlich aus der Sportbranche kommt, hat sich in dem Haus ihren Traum erfüllt, ein Café für Menschen, die sich Zeit nehmen, gerne selbstgebackenen Kuchen und Produkte aus kontrolliertem biologischen Anbau, möglichst von regionalen Erzeugern, essen möchten. Gutes Essen habe in ihrer Familie immer schon eine große Rolle gespielt, erzählt sie. Auf dem biologisch geführten Dottenfelder Hof in Bad Vilbel sammelte sie zwei Jahre lang Erfahrungen für das eigene Café.

Das alte Bahnhofsgebäude, in dem es liegt, stammt aus dem Ende des 19. Jahrhunderts. Damals sollte die Rodgaubahn die Menschen schneller miteinander verbinden. Heute steht das Café Pur für Entschleunigung. Anfang der 2000er Jahre wurde der Bahnhof stillgelegt. Lange stand der denkmalgeschützte Bau leer, bis das Café ihn vor zwei Jahren wieder für die Obertshäuser öffnete. Die nutzen das Angebot an selbstgebackenem Kuchen gerne. Es gibt dort schließlich nicht nur Zimtschnecken.

Geöffnet: Di. bis Fr. 8 bis 18 Uhr, Sa. und So. 9.30 bis 17 Uhr.

Station **Wiesbaden Hauptbahnhof**,
S-Bahn-Linien S1, S8, S9

CAFÉ MALDANER
Marktstraße 34
65183 Wiesbaden

www.maldaner1859.de

61 WIESBADEN **CAFÉ MALDANER**
Wiener Schmäh

Der Weg durch die Unterführung, immer die Bahnhofstraße entlang Richtung Norden und dann die Fußgängerzone in der Markstraße weiter bis fast zum Ende ist etwas länger. Er lohnt sich aber für alle, die gerne die süße Seite des Lebens genießen. Denn dort betritt man durch eine nostalgische Holz-Drehtür das erste original Wiener Kaffeehaus Deutschlands, wie die Aufschrift am Fenster verrät – eine Touristenattraktion, aber auch ein Schlaraffenland der Torten und Kuchen, der Melange-Sorten und Einspänner.

Die Kaffeeauswahl aus der hauseigenen Rösterei ist so groß, wie anderswo die gesamte Getränkekarte, vom Tortenangebot in der gläsernen Vitrine ganz zu schweigen. Neben der Sacher- gibt es hier natürlich die original Maldaner-Torte, nach altem Hausrezept aus der eigenen Konditorei. Und in einem Wiener Kaffeehaus darf der Kaiserschmarrn nicht fehlen.

Die ersten Kaffees gingen bereits 1859 über den Tresen. Damals eröffnete Adam Maldaner das gleichnamige Café in Wiesbaden, der führenden Kurstadt, in der der Kaiser, Adelige, Künstler und reiche Bürger die Sommerfrische genossen. Seit 1923 gibt es das Café im Wiener Stil, das lange ein Familienbetrieb war. 2011 wurde die Wiener Kaffeehauskultur in das immaterielle Kulturerbe der Unesco aufgenommen. Seitdem gilt das Maldaner als ihr Pionier in Deutschland.

Wer einen weiteren Fußweg von ca. 5 Minuten bis in die Hellmundstraße 37 im Wiesbadener Westend in Kauf nimmt, der kann in der Maldaner Spezialitäten-Kaffeerösterei auf Anmeldung alles rund um den Kaffee erfahren, ihn verkosten, das Rösten lernen, und weitere Workshops besuchen.

Geöffnet: Mo. bis Sa. von 9 bis 18.30 Uhr, So von 10 bis 18 Uhr.

Station **Bad Soden**, S-Bahn-Linie S3

HUNDERTWASSERHAUS
Zum Quellenpark 38
65812 Bad Soden

62 BAD SODEN **HUNDERTWASSERHAUS**
Natürliche Architektur

Von der S-Bahn aus führt der Weg in westliche Richtung über die Königsteiner Straße, den Wiesenweg entlang und dann rechts in die Brunnenstraße. An deren Ende führt linker Hand der Weg in den Quellenpark, der mit dem Sodenia-Pavillon, der gleichnamigen Quellgöttin und der Sol-Quelle schon sehenswert ist. Am nordwestlichen Ausgang des Parks sind dann von weitem Zwiebeltürmchen, goldene Spitzen und bunte Säulen zu erahnen – die charakteristischen Elemente der Architektur des im Jahr 2000 verstorbenen österreichischen Künstlers Friedensreich Hundertwasser.

Bekannt geworden ist dieser durch seine farbenfrohe Malerei. 1983 setzte er seine Ideen erstmals architektonisch um. Er entwarf unter anderem ein Wohnhaus und sein eigenes Museum in Wien. Im Rhein-Main-Gebiet entstanden neben dem Bad Sodener Haus die Kindertagesstätte in Frankfurt-Heddernheim und die „Waldspirale" in Darmstadt (siehe S. 141) nach seinen Vorstellungen.

Hundertwasser erhob die Natur zu seinem Vorbild. Entsprechend dazu sind an der Wohnanlage am Quellenpark, deren Grundstein 1990 gelegt wurde, so gut wie keine rechteckigen Winkel oder geraden Flächen zu finden. Selbst das Gelände vor dem Gebäude, in das das erste Bad Sodener Kurhaus von 1722 integriert wurde, erinnert eher an wellenförmigen Meeresboden. Das Haus besteht aus 17 unterschiedlichen Wohnungen, die kaum gerade Wände haben. Die mit grünblauen Keramikkacheln individuell gestalteten Bäder erinnern an schimmernde Grotten. Das Highlight ist die 200 Quadratmeter große vierstöckige Turmwohnung. In 30 Metern Höhe hat man dort einen freien Blick bis zur Frankfurter Skyline.

Das Gebäude ist nur von außen zu besichtigen.

Station **Dreieich-Buchschlag**,
S-Bahn-Linie S3

GESCHICHTSVEREIN BUCHSCHLAG
Buchschlager Allee 8
63303 Dreieich

www.geschichtsverein-buchschlag.de

63 BUCHSCHLAG **GARTENSTADT**
Villenkolonie

Der kleinste Stadtteil Dreieichs liegt idyllisch im Wald. Und doch sind hier bauhistorische Denkmäler zu finden. Man spaziert durch eine vom Jugendstil geprägte Villenkolonie mit großzügigen Gartenlandschaften und schönen Landhäusern. Und das direkt hinter der Bahnstation, die man über einen kleinen Weg durch den Wald Richtung Ernst-Ludwig-Allee verlässt und bis zur nächsten Kreuzung geht. Schon ist man mittendrin, kann den Zaunweg entlang bis zum Falltorweg schlendern und den Kohlseeweg zurück zur Ernst-Ludwig-Allee.

Einigen Frankfurtern sind die Latscha-Märkte vielleicht noch ein Begriff. Dass Jakob Latscha aber nicht nur Kaufmann, sondern auch Sozialreformer war, ist weniger bekannt. Wie viele Menschen in den stark industrialisierten Städten sehnte auch er sich nach einem gesunden Leben in der Natur – und das schon um das Jahr 1900. Zunächst baute Latscha im Wald zwischen Neu-Isenburg und Sprendlingen eine Halle für Gottesdienste, dann eine Restauration. Schließlich gründete er 1904 die Buchschlag-Wohnungsgesellschaft, deren Mitglieder dort Grundstücke zu günstigen Preisen kaufen sollten. Er wollte eine Gartenstadt nach englischem Vorbild für die kleinen Leute schaffen. Doch der Grundbesitzer, Großherzog Ernst Ludwig von Hessen-Darmstadt, setzte sich lieber ein Denkmal. Der Darmstädter Architekt Friedrich Pützer machte aus Buchschlag ein großbürgerliches Villenviertel, in dem sich 600 Menschen niederließen, darunter Künstler wie der Autor Rudolf Binding und später der Schauspieler Theo Lingen. Jakob Latscha zog nie dorthin, zu frustriert war er über das Scheitern seiner Idee.

Jederzeit zugänglich. Der Geschichtsverein bietet Führungen durch den Ortskern an. Am dritten Juni-Wochenende öffnen viele Bewohner der Siedlung ihre Gärten, laden zu Konzerten, Lesungen und Ausstellungen ein und machen Buchschlag zu einem der größten nicht-kommerziellen Gartenfeste der Region.

Bahnhof **Darmstadt-Ost**, RE/RB

MATHILDENHÖHE
Olbrichstraße 15
64287 Darmstadt

www.mathildenhoehe.eu
www.mathildenhoehe-darmstadt.de

64 DARMSTADT **MATHILDENHÖHE**
Gesamtkunstwerk

Eine der bekanntesten Sehenswürdigkeiten Darmstadts und vielleicht bald UNESCO-Welterbe ist ebenfalls gut mit der Bahn erreichbar. Vom Ostbahnhof aus geht es die Erbacherstraße nach Nordwesten, nach etwa 400 Metern biegt man rechts in den Fiedlerweg ein und nach etwa einer Minute links in den Olbrichweg. 150 Meter weiter beginnt der Bauhausweg, an dem bereits das Museum Künstlerkolonie liegt. Von dort aus kann man einen Spaziergang über die Mathildenhöhe unternehmen und in die floralen Gestaltungen des Jugendstils eintauchen.

Um die Jahrhundertwende taten sich in Darmstadt sieben namhafte deutsche Künstler zusammen, um ein neues Design zu schaffen und die Stadt zu einem europäischen Zentrum des Jugendstils zu machen. Joseph Maria Olbrich und seine Kollegen reformierten den überladenen Wilhelminischen Kunststil gründlich – vom Kaffeelöffel bis zur Villa. Insgesamt 15 Jahre bestand die Künstlerkolonie.

Im Museum sind Möbel, Schmuck, Porzellan, Stoffe, Gläser, Plakate und mehr zu sehen. Der Spaziergang durch die Straßen führt zu den Künstlerhäusern, etwa dem markanten Haus von Peter Behrens von 1901 im Alexandraweg und dem Haus Deiters Ecke Mathildenhöhenweg sowie zum Hochzeitsturm von Olbrich, dem Wahrzeichen der Mathildenhöhe. Er birgt aber auch kleine Überraschungen in Form von leicht zu übersehenen Jugendstil-Ornamenten an Zäunen, Dächern oder Fassaden. Sehenswert ist auch die Russische Kapelle, erbaut für Zar Nikolaus II. von Russland und entworfen von dem Petersburger Architekten Leon N. Benois – übrigens dem Großvater Peter Ustinovs.

Das Museum ist Di. bis So. von 11 bis 18 Uhr geöffnet. Der Eintritt kostet 5 Euro, ermäßigt 3 Euro. Der Hochzeitsturm ist von März bis Okt. Mo. bis So. von 10 bis 18 Uhr, Nov. bis Febr. Fr. bis So. von 11 bis 17 Uhr zugänglich. Der Eintritt kostet 3 Euro, ermäßigt 2 Euro.

Station **Darmstadt Messplatz**,
Straßenbahn-Linien 4, 5

WALDSPIRALE
64289 Darmstadt

www.darmstadt.de
www.darmstadt-tourismus.de

65 DARMSTADT **WALDSPIRALE**
Trutzburg mit Ententeich

Darmstadt kann nur Jugendstil? – weit gefehlt! Eine Fahrt mit der Straßenbahn bis ins Bürgerparkviertel belehrt den Besucher eines Besseren. Man geht von der Station aus wenige Meter südlich hinein in die Friedberger, überquert die Bad Nauheimer Straße und steht urplötzlich vor einer riesigen märchenhaften Trutzburg mit goldenem Zwiebelturm, hügeligem Garten und Ententeich hinter dem Haus. So stellte sich der Wiener Künstler Friedensreich Hundertwasser menschengerechtes organisches Wohnen vor.

Aus Recycling-Beton entwarf er Mitte der 1990er Jahre einen Komplex mit mehr als 100 individuell gestalteten Wohnungen, der mit seinen Formen und Farben an die Natur angelehnt ist. Entsprechend der Spirale, die dem Gebäude seine Form und seinen Namen gab, findet man kaum Ecken. Die 1.000 Fenster in der bis zu 12 Stockwerke hohen Fassade sind alle unterschiedlich, als seien sie von Hand in die Wände geschlagen. Manche Wohnungen sind über Loggien zugänglich, die von den markanten bunten Hundertwasser-Säulen getragen werden. Die sich in Wellen über die Fassade schlängelnden Farbschichten entstanden in Anlehnung an die beim Bau des Fundaments gefundenen Erdschichten unter dem Gebäude. Auf dem Dach wachsen Linden, Buchen und Ahornbäume. Im Innenhof liegt ein üppig bewachsener Garten mit Kinderspielplatz. Ein künstlicher Wasserlauf schlängelt sich hindurch.

Der deutsche Architekt Heinz M. Springmann hat die Pläne zwischen 1998 und 2000 umgesetzt. Die ersten Mieter bezogen das Gebäude kurz nach dem Tod Hundertwassers im Februar 2000.

Das Außengelände ist jederzeit frei zugänglich. Die Stadt bietet regelmäßig Führungen an.

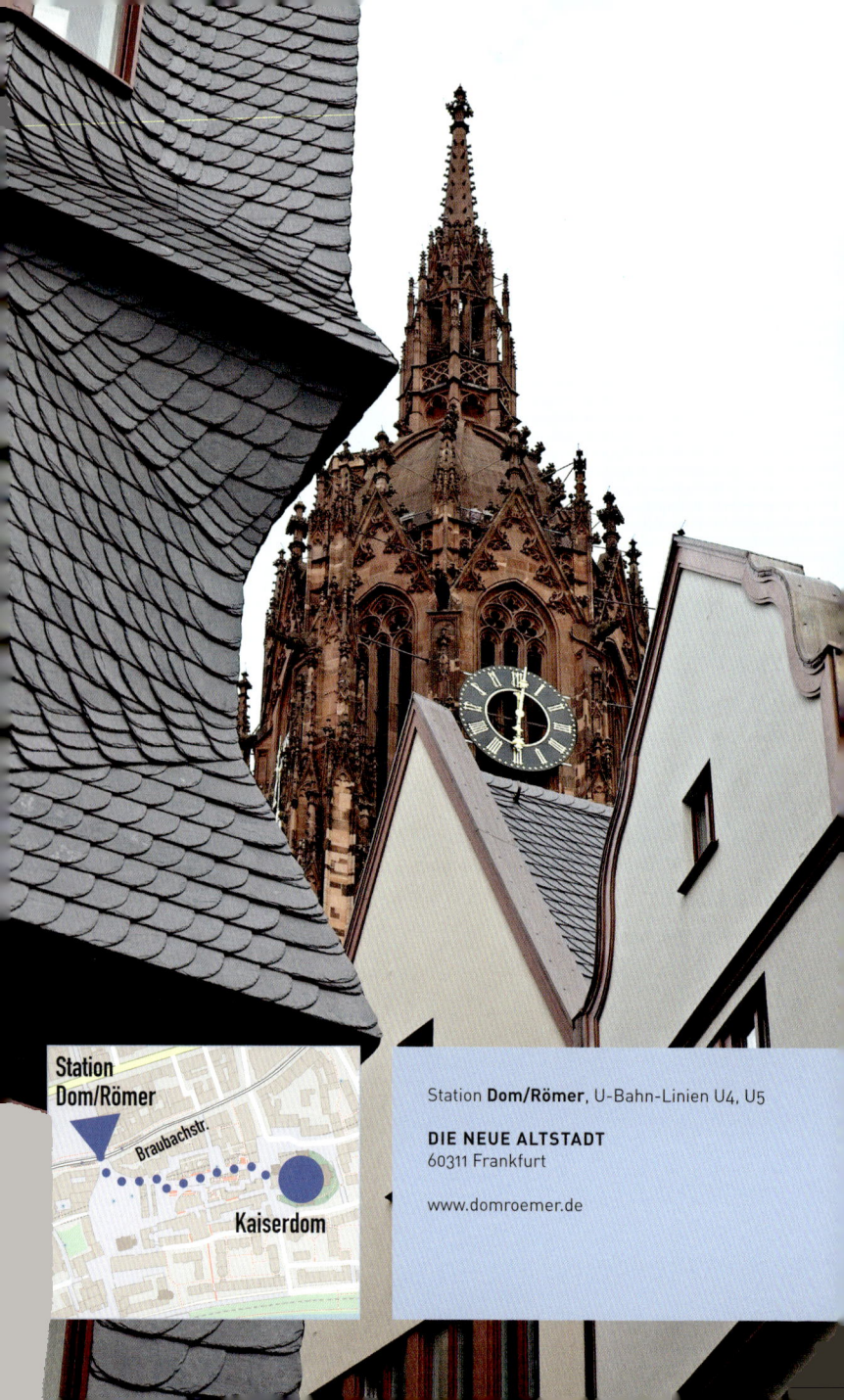

Station **Dom/Römer**, U-Bahn-Linien U4, U5

DIE NEUE ALTSTADT
60311 Frankfurt

www.domroemer.de

66 FRANKFURT **DIE NEUE ALTSTADT**
Stoltze und der Struwwelpeter

Bereits der Aufgang von der U-Bahn-Station Richtung Dom wirkt wie der Ausstieg in eine neue Welt. Auch wenn diese historisch aussieht, allein schon, wenn der Blick auf das Haus „Goldene Waage" mit seinem reichen farbigen Fachwerk fällt – sie ist es nicht. Alle 35 Häuser, die auf dem Areal zwischen Dom und Römer entstanden, sind neu erbaut, 15 von ihnen als Rekonstruktionen. Die restlichen zitieren historische Baustile, hier und dort sind historische Elemente verbaut. Sie alle stehen aber auf den Original-Grundrissen der historischen Altstadt. Das führt zu Kuriositäten wie der, dass das Haus „Weißer Bock" am Markt 7, also genau gegenüber dem U-Bahn-Aufgang, ursprünglich entsprechend moderner Bauvorschriften nur als Treppenhaus und zur Erschließung der „Goldenen Waage" geplant war.

Inzwischen durfte dort das Stoltze-Museum Einzug halten, das an Friedrich Stoltze, einen der großen Frankfurter Schriftsteller und Journalisten, erinnert. Im Obergeschoss der Waage wird zudem als Teil des Historischen Museums das Original-Mobiliar des früheren Besitzers, des Gewürzhändlers und Zuckerbäckers Abraham von Hameln gezeigt. Auch das Struwwelpeter-Museum im Haus Esslinger, dem Wohnhaus von Goethes Tante Melber, ist einen Besuch wert, besonders für Kinder.

Darüber hinaus lohnt es sich, einfach nur den früheren Krönungsweg, auf dem die Kaiser und Könige vom Römer zum Dom schritten, abzugehen, im Neuen Roten Haus am Markt 17, dem früheren Zunfthaus der Metzger, eine Wurst zu kaufen, auf dem Hühnermarkt beim Café oder Wein in der Sonne zu sitzen und die Touristenscharen zu beobachten.

Die Zimmer in der Goldenen Waage sind nur mit Führung vom Historischen Museum zu besichtigen. Rundgänge durch die Altstadt gibt es bei unterschiedlichen Anbietern, u. a. bei der Touristen-Information, www.frankfurt-tourismus.de und bei Stadtevents, www.frankfurter-stadtevents.de.

67 FRANKFURT **EBBELWEI-EXPRESS**
Rundfahrt nach Fahrplan

Der konsequenteste Weg, einen Ausflug ohne Auto zu machen, ist der, gleich auf der Schiene zu bleiben. Das geht in Frankfurt mit dem Ebbelwei-Express. Man sitzt gemütlich in der Straßenbahn, trinkt einen Schoppen und fährt an den Frankfurter Sehenswürdigkeiten vorbei. Und trifft dabei auch schon mal auf Einheimische, die noch richtig babbeln können. Der Ebbelex, wie ihn die Frankfurter gerne nennen, fährt seit dem 7. Februar 1977 durch die Stadt. Gestaltet wurde die Oldtimer-Tram, ein Wagen der Baureihe K aus den 1950er Jahren, von dem Künstlerpaar CM und Estine Estenfelder.

An Samstagen, Sonn- und Feiertagen können Einzelpersonen oder Familien an den Haltestellen, zum Beispiel am Römer, spontan einsteigen und bis zur Endstation mitfahren. Im Fahrpreis von acht Euro, ermäßigt 3,50 Euro, sind wahlweise eine Flasche Apfelwein, -saft oder Mineralwasser und eine Tüte Brezeln enthalten.

Mit der urigen Ebbelwei-Kneipe auf Schienen zuckelt man dann gemütlich über den Willy-Brandt-Platz, zum Hauptbahnhof und zur Messe. Von dort geht es zurück über den Main, quer durch Sachsenhausen bis zum Frankensteiner Platz und von dort zurück nach Hibbdebach, durchs Ostend zum Zoo. Einen Stadtführer gibt es an Bord nicht, dafür aber einen Podcast, den man sich im Internet runterladen kann mit den Informationen über Dom, das Museumsufer oder den Märchenbrunnen. Dazu gibt es auch einen kleinen Hessisch-Trainer, für den die Volkstheater-Größen Margit Sponheimer, Wolfgang Kaus und Hans Zürn die wichtigsten Vokabeln eingesprochen haben, etwa zum Nachbestellen: „e Schoppe und e Schöppsche".

Fahrzeiten: Sa., So., Feiertag, Abfahrt 13.38, 14.13, 14.48, 15.23, 15.58, 16.33, 17.08, 17.43 Uhr. Man kann den Ebbelwei-Express auch exklusiv mieten.

Station **Frankfurt-Höchst**,
S-Bahn-Linien S1, S2

GASTHAUS ZUM BÄREN
Höchster Schlossplatz 8
65929 Frankfurt-Höchst

www.zumbaeren.net

68 FRANKFURT **HÖCHSTER SCHLOSSPLATZ**
Von Karpfen und Bären

Der Schlossplatz ist das Herzstück der Höchster Altstadt. Auf ihn passt das gerne verwendete Attribut „malerisch" wirklich. Auch nach dem Wiederaufbau der Altstadt bleibt er mit seiner historischen Bebauung einer der schönsten Plätze Frankfurts. Im Sommer herrscht bis abends Trubel an Tischen und Bänken der Gasthäuser. Goethe und Albrecht Dürer sollen dort schon verweilt haben, auch die deutsche Schauspielerin Rosemarie Fendel, die in einem Gartenpavillon des Bolongaropalastes wohnte, trank hier gerne ihren Schoppen.

Vom S-Bahnhof aus geht es in die gegenüberliegende Antoniterstraße, die man am Höchster Marktplatz vorbei bis zum Ende geht. Auf der Bolongarostraße angekommen, hält man sich links und geht die nächste Straße auf der gegenüberliegenden Seite hinein. Der Burggraben führt direkt auf den Schlossplatz. Der erste Blick fällt dabei auf den Zollturm aus der Mitte des 14. Jahrhunderts.

Die Bürgerhäuser sind etwas jünger. Das der ehemaligen Mainzer Zollburg benachbarte Haus, „Der Karpfen", war bereits um 1500 ein bekanntes Wirtshaus. Weil das Gebäude baufällig war, hat man es 1973 wieder aufgebaut. Eine fast so lange Tradition hat das Gasthaus „Zum Bären" an der Nordseite. Es stammt von 1799, doch bereits fast 100 Jahre früher soll es auf dem Platz ein Wirtshaus „Schwarzer Bär", mit einem Wirt namens Georg Bär, gegeben haben. Der Gewölbekeller im Haus Nr. 1 ist ein Geheimtipp für Konzerte zeitgenössischer Musik. Absoluter Hingucker auf dem Platz ist die 1872 gepflanzte, gut 13 Meter hohe „Friedenseiche". Auf der Holzbank unter ihren Ästen lässt es sich gut verweilen.

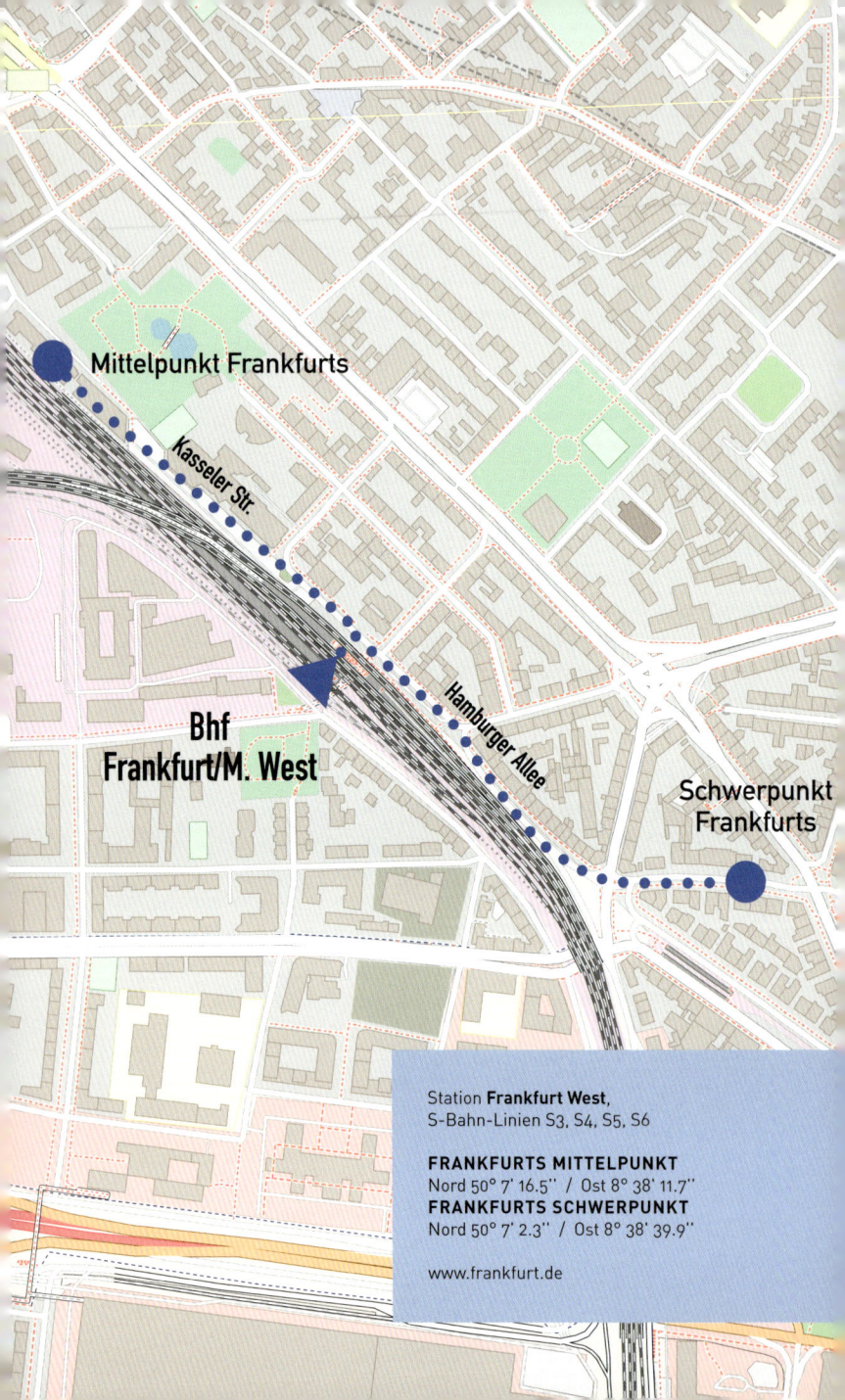

69 FRANKFURT **IM MITTELPUNKT**
Das wahre Zentrum der Stadt

Frankfurt steht ja gerne im Mittelpunkt, wenn es um die Banken geht oder auch die Kultur. Haben Sie sich aber schon mal gefragt, wo eigentlich der Mittelpunkt Frankfurts liegt? Das Stadtvermessungsamt hat es errechnet. Nimmt man die geografischen Koordinaten des nördlichsten, südlichsten, östlichsten und westlichsten Punktes der Stadt und errechnet den Mittelwert, dann kommt man nicht etwa in der Innenstadt heraus, sondern in Bockenheim.

Um ganz genau zu sein, bei den Koordinaten Nord 50° 7 Minuten 16.5 Sekunden und Ost 8° 38' 11.7". Oder für alle, die mit solchen Daten nichts anfangen können, in der Salvador-Allende-Straße 1, auf der Höhe des Von-Bernus-Parks. Wer sich also vor dem Westbahnhof nach links wendet und die Kasseler Straße entlanggeht, die in die Salvador-Allende-Straße übergeht, steht buchstäblich mitten in Frankfurt.

Eine Hinweistafel sucht man dort allerdings vergebens. Das könnte daran liegen, dass es noch einen physikalischen Mittelpunkt der Stadt, genannt Schwerpunkt gibt. In dessen Berechnung gehen die Fläche des Stadtgebietes mit allen Koordinaten der Stadtgrenze ein. Wäre Frankfurt also eine Scheibe, dann könnte man sie im Schwerpunkt ausbalancieren. Dieser liegt etwas weiter südöstlich, auf der Höhe der Robert-Mayer-Straße 55. Man erreicht ihn, wenn man sich vom Westbahnhof aus rechts hält und die Hamburger Allee entlanggeht. Der Punkt ist nur wenige Hundert Meter entfernt von der Universität und dem Senckenbergmuseum – das passt, möchte man da sagen, denn auch mit seiner Wissenschaft steht Frankfurt durchaus im Mittelpunkt.

Station **Römerstadt**,
U-Bahn-Linien U1, U9

ERNST-MAY-HAUS
Im Burgfeld 136
60439 Frankfurt

www.ernst-may-gesellschaft.de
www.forum-neues-frankfurt.de

70 FRANKFURT **NEUES FRANKFURT**
Auf den Spuren von Ernst May

Vor ziemlich genau 100 Jahren setzten die Architekten um Ernst May in Frankfurt ein beispielloses Stadtgestaltungsprogramm um, das unter dem Namen Neues Frankfurt in die Geschichte einging. Es entstanden große Siedlungen wie die Römerstadt, Hellerhof, Praunheim oder Höhenblick. Dabei wurde von Anfang an der öffentliche Nahverkehr mitgedacht. Fast alle Siedlungen und Baudenkmäler der Zeit sind per Schiene zu erreichen. Das Forum Neues Frankfurt hat dazu einen Stadtplan „Zum Neuen Frankfurt auf Schienen" herausgegeben, den man auf seiner Internetseite herunterladen kann.

Eines der Ziele sollte in jedem Fall das Ernst-May-Haus in der Römerstadt sein. Vom U-Bahnhof aus wählt man den Ausgang Hadrianstraße und folgt der Beschilderung zum Haus. Die Straße Im Burgfeld geht von der Hadrianstraße ab. Dort steht man schon mitten in der Siedlung. Das Museum, für das eines der Reihenhäuser inklusive des Gartens denkmalgerecht restauriert wurde und in dem eine der berühmten Frankfurter Küchen von Margarete Schütte-Lihotzky zu sehen ist, liegt fast am anderen Ende. Innen kann man dank zeitgenössischer Möbel und Wandfarben nachempfinden, wie modern die Menschen damals lebten.

Mit der U7 bis zur Eissporthalle erreicht man den Bornheimer Hang mit 1.540 Wohnungen. In den Innenhöfen stehen kleine Einfamilienhäuser, auf der Wittelsbacherallee die beeindruckende Heiligkreuz-Kirche von Martin Weber. Auch die Großmarkthalle (Station Ostendstraße), der Poelzig-Bau (Holzhausenstraße) der heutigen Universität und das Gesellschaftshaus im Palmengarten (Siesmayerstraße) sind Bauten des Neuen Frankfurt.

Das Ernst-May-Haus ist geöffnet: Di. bis Do. 11 bis 16 Uhr, Sa., So. 12 bis 17 Uhr. Eintritt: 4 Euro, ermäßigt 2 Euro.

Station **Rödelheim**,
S-Bahn-Linien S3, S4, S5

PETRIHAUS
Am Rödelheimer Wehr 15
60489 Frankfurt

www.petrihaus-frankfurt.de

71 FRANKFURT **PETRIHAUS**
Kleinod der Romantik

Auch wenn man es im Stadtteil Rödelheim nicht unbedingt erwarten würde, am Ufer der Nidda liegt mit dem Petrihaus ein Kleinod der Romantik. Es ist das am besten erhaltene Gebäude dieser Epoche in Frankfurt. Um es zu erreichen, geht man vom Bahnhofsplatz aus nach rechts auf den Baruch-Baschwitz-Platz. An der nächsten Kreuzung biegt man links in die Radilostraße ein, geht diese etwa 200 Meter bis zur Straße Alt-Rödelheim, in die man rechts einbiegt und ihr folgt, bis man Am Rödelheimer Wehr und am Petrihaus angekommen ist.

Man kann sich dem hübschen Gebäude im Stil eines Schweizerhäuschens, wie es zur Zeit der Romantik Mode war, auch erst einmal von der Parkseite aus nähern, dann muss man von der Radilo- in die Reichsburgstraße einbiegen, über die Brücke und links in den Brentanopark gehen. Dessen Name erinnert an Georg Brentano, den Bruder der Dichter Clemens von Brentano und Bettina von Arnim und früheren Besitzer des Hauses. Seit 1819 nutzte er es viele Jahre lang als Landsitz und empfing dort Besucher wie Goethe und Marianne von Willemer.

Seit 1926 im Besitz der Stadt, sollte das Häuschen in den 1980er Jahren abgerissen werden. Dank engagierter Bürger wurde es saniert. Die Räume im Obergeschoss sind wiederhergestellt, viele Einrichtungsgegenstände stammen aus der Zeit der Brentanos. Seit 2019 gibt es für Vorträge und Lesungen ein modernes Atelierhaus. Daneben steht der mit rund 260 Jahren wohl älteste Ginkgo-Baum Deutschlands. Er könnte Goethe zu seinem Gedicht „Ginkgo bilboa" inspiriert haben.

Geöffnet von Febr. bis Nov. immer am letzten Sonntag im Monat von
14 bis 17 Uhr. Eintritt frei, es gibt auch Führungen durch das Haus und den Park.

Station **Hanau Steinheim**,
S-Bahn-Linien S8, S9

MUSEUM SCHLOSS STEINHEIM
Schloßstraße 9
63456 Hanau

www.hanau.de/sehenswert/museen

72 HANAU **STEINHEIM**
Fachwerk und Ebbelwei

Altstadt, Schlosskulisse, Mainpanorama – Steinheim hat einiges zu bieten. Der Stadtteil von Hanau, der einst aus dem Fischerdorf Klein-Steinheim und dem Pendant Groß-Steinheim rund um die Burg entstand, verfügt über eine nahezu vollständig erhaltene mittelalterliche Altstadt mit Stadtmauer. Deshalb ist er ein Anlaufpunkt der Deutschen Fachwerkstraße. Als Ausgangspunkt der hessischen Apfelweinstraße ist er aber nicht weniger beliebt, besonders zum „Bundesäppelwoifest" am letzten August-Wochenende.

Vom Bahnhof aus geht man am besten direkt hinunter zum Main. Dafür nutzt man den Ausgang zur Dietesheimer Straße, hält sich links, biegt am Ende links in die Uferstraße und gleich wieder rechts auf den kleinen Weg zum Ufer ab. Der Spaziergang am Main führt nach etwa 20 Minuten direkt auf den Weißen Turm zu, einen Fachwerkturm, der am Rand des Schlossgartens steht. Wenige Meter weiter betritt man durch das Maintor die Altstadt mit dem Schloss. Eine Burg an dieser Stelle wurde schon 1222 erstmals erwähnt. Das Erzbistum Mainz erweiterte sie zum Schloss, in dem sich heute ein Museum für Vor- und Frühgeschichte befindet.

Am Ende der Straße Am Maintor trifft man auf den Platz des Friedens mit dem Friedensdenkmal. Eine Straße weiter sticht der markante Turm der mittelalterlichen Stadtpfarrkirche St. Johann Baptist hervor, der wie ein Wehrturm aussieht. Auch innen ist die gotische Saalkirche mit ihrem geschnitzten Chorgestühl sehenswert. Die Altstadtstraßen sind zudem gesäumt von Restaurants, Bars und Kneipen, die zu einem gemütlichen Päuschen einladen, bevor es zurück zum Bahnhof geht.

Das Museum ist geöffnet: Sa. und So. von 11 bis 17 Uhr. Eintritt: 3 Euro, ermäßigt 2 Euro.

Station **Hochheim**, S-Bahn-Linie S1

PFARRKIRCHE ST. PETER UND PAUL
Kirchstraße 27
65239 Hochheim

www.hochheim-tourismus.de
www.kath-hochheim.de

73 HOCHHEIM **ALTSTADT**
Hock und Barock

Kurz vor Hochheim passiert die Bahn von Frankfurt aus kommend das Königin-Victoria-Denkmal. Englands Königin besuchte den Ort 1845 und war von der gesundheitsfördernden Wirkung des dortigen Weines überzeugt. Sie erlaubte den Winzern, den von ihr besuchten Weinberg „Königin Viktoriaberg" zu nennen und prägte den Ausspruch „A good Hock keeps off the doc!" Bis heute nennen die Briten deutschen Weißwein vom Rhein deshalb kurz „Hock".

Doch Hochheim, das Tor zum Rheingau, hat noch mehr zu bieten als gute Tropfen, die man natürlich überall in den Höfen der Weingüter, beim Weinfest oder am Probierstand in der Alleestraße bzw. im Hummelpark verkosten kann, wo sich von Mai bis September die Jungwinzer der Region unter dem Namen MainWerk3 präsentieren.

Von der S-Bahn aus geht es wenige Meter nach rechts die Sandstraße entlang und dann die Bahnhofstraße hinauf in die Altstadt. Über die Weinberge hat man einen schönen Blick auf die katholische Kirche St. Peter und Paul und das Schloss. Gleich dahinter liegt die denkmalgeschützte Altstadt, fast am Ende der Mainzer Straße der Hummelpark, weiter im Norden die Alleestraße.

Ein Blick in die Pfarrkirche lohnt sich besonders, denn es ist die einzige hessische spätbarocke Fresko-Kirche. Sie wurde bis 1732 erbaut und von dem Ulmer Künstler Johann Baptist Enderle ausgestattet. Die Deckengemälde hat man in ihrer farbigen Pracht bei der Sanierung 2005 wieder sichtbar gemacht. Sie zeigen Szenen aus dem Leben der Apostel Petrus und Paulus. Beim anschließenden Wein lässt sich trefflich davon schwärmen. Danach geht es per Bahn sicher nach Hause.

Die Kirche ist täglich bis gegen 18 Uhr bzw. bis zum Einbruch der Dunkelheit zugänglich. Von Mai bis Anfang Sept. gibt es jeden ersten Sonntag im Monat um 15.30 Uhr eine Führung, in den Sommerferien jeden Sonntag.

Bahnhof **Königstein**, RB/RE

BURG- UND STADTMUSEUM KÖNIGSTEIN
im „Alten Rathaus"
Kugelherrnstraße 1
61462 Königstein im Taunus

www.koenigstein.de

74 KÖNIGSTEIN **ALTSTADT**
Mit Burgblick

Klein aber fein, so könnte man die Königsteiner Altstadt bezeichnen. Der Fußweg vom Bahnhof durch den Kreisverkehr und die Bahnstraße hinauf lohnt sich also. Weiter geht es links die Wiesbadener Straße entlang, bis diese auf die Hauptstraße stößt. Linker Hand erreicht man dort die Fußgängerzone und schließlich die Altstadt mit der rechts in der Kirchstraße liegenden St. Marienkirche, erbaut 1887. Weit älter ist das Haus Hauptstraße 37, eine Fachwerkkonstruktion aus dem Jahr 1537. Am Ende der Straße trifft man auf das Alte Rathaus und die hübschen Ratsstuben.

Der fast 200 Jahre lang als Rathaus dienende Fachwerkbau war ursprünglich das untere Burgtor der Festung Königstein. Seit 1968 ist darin das Burg- & Stadtmuseum untergebracht, mittlerweile mit einem modernen gläsernen Eingang. Glanzstück des Museums ist das Modell der im Jahre 1790 noch unzerstörten Festung Königstein im Maßstab 1:100, das Karl Söhngen 1909/10 erstellt hat.

Nach dem Museumsbesuch kann man sich eine der größten Burgruinen Deutschlands im heutigen Zustand ansehen. Der Weg dorthin führt vom Platz aus die Hintere Schloßgasse hinauf, an der imposanten Immanuelkirche vorbei bis rauf zur Ruine, die seit 1922 im Besitz der Stadt ist. Von der Burg aus schaut man über die Rhein-Main-Ebene und den Taunus. Richtung Norden fällt der Blick auf die vom Frankfurter Bankier Albert Andreae de Neufville 1891 erbaute Villa Andreae mit ihrem markanten Türmchen. Berühmt geworden ist das Anwesen auf dem Gaisberg als Firmensitz des Immobilienunternehmers und Millionenbetrügers Jürgen Schneider. Es ist bis heute in Privatbesitz.

Das Museum ist geöffnet: Sa. und So. 14 bis 17.30 Uhr. Eintritt: Erwachsene 1,50 Euro, Kinder 0,30 Euro. Die Burg ist geöffnet: Nov. bis Febr. Sa. und So. von 10 bis 17 Uhr, März bis Okt. tägl. von 10 bis 19 Uhr. Eintritt: Erwachsene 3 Euro, Kinder 1,50 Euro.

Station **Kronberg**, S-Bahn-Linie S4

VIKTORIAPARK
Kaiserweg
61476 Kronberg

www.kronberg.de
www.schlosshotel-kronberg.com

75 KRONBERG **VIKTORIAPARK**
Kaiserliches Grün

Welch ein Liebesbeweis. Kaiserin Victoria, älteste Tochter der gleichnamigen englischen Königin und Witwe des Deutschen Kaisers Friedrich III., ließ ihrem Mann nicht nur ein Denkmal setzen, sie schuf rundherum auch einen Park. Er trägt heute in Erinnerung an die fortschrittlich und sozial denkende Kaiserin ihren Namen (wenn auch mit „k"). Der Weg von der S-Bahn-Station geht nach rechts und 100 Meter leicht bergan, dann rechts in den Kaiserweg, der auf die Schillerstraße mündet und gegenüber in den Park führt.

Dort passiert man am Schillerweiher den Anton Burger Brunnen, das erste Denkmal des Parks, das dem Mitbegründer der Kronberger Künstlerkolonie gewidmet ist. Man geht an der Gabelung rechts und folgt dem Weg, der am Winkelbach entlanggeht, immer weiter bergan, an den Tennisplätzen vorbei, bis man dem Kaiser in Überlebensgröße gegenübersteht.

Wenige Schritte weiter geht es auf die Hainstraße. Der jenseitige Teil des Parks gehört zum Schlosshotel und ist heute Golfplatz. Die Kaiserin ließ das Gebäude ab 1889 als Schloss Friedrichshof erbauen und bewohnte es bis zu ihrem Tod 1901. Heute ist es im Besitz der Stiftung des Hauses Hessen, ihren Nachfahren. Monatlich gibt es an jedem 2. und 4. Sonntag ab 15 Uhr Führungen durch das Schlosshotel. Und wer sich einen edlen Abschluss des Spaziergangs gönnen möchte, kann sich sonntags auf der Schlossterrasse oder im Winter in der Bibliothek vor knisterndem Kaminfeuer einen English Afternoon Tea mit Scones und Sandwiches gönnen. Das geht allerdings nur, wenn man vorher reserviert.

Der Viktoriapark ist immer zugänglich. Auf der Internetseite der Stadt gibt es einen Parkführer zum Herunterladen. Der Schlosspark ist nicht öffentlich zugänglich. Man muss zum Schlosshotel den Haupteingang von der Hainstraße links in die Friedrichstraße nehmen.

Station **Mainz Hauptbahnhof**,
S-Bahn-Linie S 8

STERNE DER SATIRE
Romano-Guardini-Platz
55116 Mainz

www.kabarettarchiv.de

76 MAINZ **WALK OF FAME**
Kabarett-Ikonen

Das Mainzer „Unterhaus" mit seinem Kabarett-Programm ist ein Begriff im Rhein-Main-Gebiet. Weniger bekannt ist dagegen, dass die Stadt auch das Deutsche Kabarett-Archiv mit Unterlagen zu rund 80.000 Namen und Begriffen dieser Kunst beherbergt, und dass beide Institutionen mit einem „Walk of Fame" ihrer 80 größten Vertreter verbunden sind. Wenige Gehminuten vom Hauptbahnhof Richtung Südosten, der Bahnhofstraße folgend, geht es rechts in die Hintere Bleiche, die in die Münsterstraße mündet. Nach einigen Metern sieht man links eine Grünanlage und dahinter das Proviant-Magazin, in dem das Archiv zuhause ist. Rechts davon liegt der Romano-Guardini-Platz, auf dem eine große rostige Skulptur den Beginn des Stern-Marsches anzeigt.

Hanns Dieter Hüsch ist der erste Name, der ins Auge fällt. Seine Glocke läutet allabendlich das Programm im Unterhaus ein. Heinz Erhardt, Matthias Beltz, Dieter Hildebrandt, Loriot oder Joachim Ringelnatz, aber auch Kabarettistinnen wie Erika Mann und Claire Waldoff zählen zu den bronzenen „Sternen der Satire", die auf dem Weg zum Unterhaus in der Münsterstraße in den Boden eingelassen sind. Auf ihnen sind der Name und die persönliche Unterschrift des Geehrten zu sehen. Eröffnet hat die Installation am 16. Juli 2004 der Initiator Jürgen Kessler, 30 Jahre lang Leiter des Kabarett-Archivs und langjähriger Geschäftspartner von Hüsch, gemeinsam mit Vertretern der Bundes- und Landesregierung. Die Sterne wurden von Institutionen und Privatleuten gestiftet. Die letzten drei sind seit 2015 vergeben. Sie gingen unter anderem an Heinrich Heine und Dieter Hallervorden.

Jederzeit frei zugänglich.

Station **Oberursel Stadtmitte**,
U-Bahn-Linie U3

VORTAUNUSMUSEUM/ALTSTADT
Marktplatz 1
61440 Oberursel

www.vortaunusmuseum.de

77 OBERURSEL **ALTSTADT**
Malerische Blicke

Oberursel zählt zu den schönsten Orten im Taunus. Für einen Rundgang geht es von der Bahnstation aus die Alberusstraße hinunter bis zum Ende, dann rechts in die Feldbergstraße und wieder links in die Kumeliusstraße. Dort trifft man auf den Epinayplatz, benannt nach der französischen Partnerstadt Oberursels. Das traditionsreiche Café Heller dort ist bekannt für seine Kuchen und Pralinen. Weiter geht es in die Ackergasse zum Alt-Oberurseler Brauhaus von 1728 mit seinem urigen Innenhof. Am Ende der Gasse trifft man auf Fachwerkhäuser, die noch ein Jahrhundert älter sind. Die Eppsteiner Straße links entlang geht es bis zum Fastnachts-Brunnen. Darauf führt ein Narr einen Esel mit einer Frau darauf. Auf diese Weise wurden die Frauen, so die Sage, im Mittelalter bestraft, wenn sie nicht gehorchten.

Sehenswert ist auch die Herrenmühle aus dem 15. Jahrhundert. Heute sind in dem schönen Fachwerkbau Wohnungen. An der Burg kehrt man an die Anfänge Oberursels zurück, das als Siedlung „Ursella" 791 erstmals erwähnt ist. 1444 wurden ihr Marktrechte verliehen. Aus dieser Zeit stammen auch die Reste der ersten Stadtmauer. Die nahegelegene St.-Ursula-Kirche ist das Wahrzeichen der Stadt. Vom Turm aus hat man einen schönen Blick, innen steht sakrale Kunst. Über das Hexentreppchen geht es hinunter zum Marktplatz. Umdrehen lohnt sich hier wegen des malerischen Blicks. Den Platz hinaufgehend, erreicht man das Alte Rathaus, Höhepunkt des Rundgangs. Das Vortaunusmuseum gegenüber informiert über die Stadtgeschichte. Vorbei an der Hospitalkirche und dem Alten Hospital kommt man zurück zum Epinayplatz.

Das Museum ist geöffnet: Mi. 10 bis 17 Uhr, Sa. 10 bis 16 Uhr, So. 14 bis 17 Uhr. Der Eintritt ist frei. Auf www.oberursel.de findet sich ein noch längerer digitaler Stadtrundgang mit Streckenführung und vielen Infos.

Station **Offenbach Ledermuseum**,
S-Bahn-Linien S1, S2, S8, S9

BLAUER KRAN
Mainkai
63067 Offenbach

www.offenbach.de/stadtwerke/microsite/hafen/heute/index.php
www.mainturm.de

78 OFFENBACH **BLAUER KRAN**
Industriedenkmal mit Aussicht

Seit einiger Zeit hat Offenbach auch eine Hafen-City. Sie ist vielleicht nicht so groß wie das Pendant in Hamburg, aber durchaus schön gestaltet mit der Freitreppe hinunter zum Wasser, dem großen Platz mit Brunnen, an dem Restaurants, Cafés, eine Eisdiele zum Verweilen einladen und einem rot-weißen Leuchtturm mit eigenem kleinen Strand. Eine weitere Attraktion ist der Blaue Kran, ein Industriedenkmal, von dessen Aussichtsplattform man einen schönen Blick über das Areal und auf die Frankfurter Skyline hat.

Verlässt man das S-Bahngleis in Fahrtrichtung, nimmt den rechten Ausgang, dann geht man links in die Ludwigstraße. Von dort geht es rechts in die Bernardstraße, dann links in die Taunusstraße. Hier sieht man den Kran bereits von Weitem und erreicht ihn in höchstens fünf Minuten. 26 Meter hoch ragt er über den alten Industriehafen und ist heute Wahrzeichen des neuen Stadtviertels. Die Idee, ihn zum begehbaren Kunstwerk zu machen, stammt von den beiden Künstlern Wolfgang Winter und Berthold Hörbelt.

Gleich neben dem Kran, an dem auch der Mainradweg vorbeiführt, ist ein großflächiger Spielplatz entstanden, der mit bunten Geräten, Schaukeln und einer Wasserspiel-Anlage kleine Besucher lockt. Für die Größeren können am Main-Turm, dem rot-weißen Leuchtturm in der Hafen-City, im Sommer Boards fürs Stand-Up-Paddling ausgeliehen werden. Direkt davor im Hafenbecken kann man sich dann in Balance üben. Der Blick auf den Blauen Kran von dort ist besonders schön.

Jederzeit zugänglich.

Station **Offenbach Marktplatz**,
S-Bahn-Linien S1, S2, S8, S9

KLINGSPOR MUSEUM/HIST. ZENTRUM
Herrnstraße 80
63065 Offenbach

www.offenbach.de/microsite/
klingspor_museum/index.php

79 OFFENBACH **HISTORISCHES ZENTRUM**
Auf Goethes Spuren

Städtereisen mit Museumsbesuch oder einem Bummel durch die City sind beliebt. Warum also nicht mal statt Paris oder London einfach die Nachbarstadt Offenbach entdecken, die ebenfalls einiges zu bieten hat? Die Bahnstation gegen die Fahrtrichtung verlassend, steht man auf der Herrnstraße, gleich neben der schönen französisch-reformierten Kirche im Stil der Neorenaissance, und fast schon mitten in Offenbachs kulturellem Zentrum. Im Haus Nummer 54, das etwa auf der Höhe des U-Bahn-Ausgangs stand, quartierte sich im Jahr 1775 der junge Johann Wolfgang Goethe ein, um der 17-jährigen Bankierstochter Lili Schönemann nahe zu sein, die gegenüber bei Verwandten den Sommer verbrachte.

Im gleichen Jahr entstand der Vorgängerbau des ein paar Schritte weiter die Straße hinunter liegenden Büsingpalais, als Stadtsitz der Schnupftabakfabrikanten Peter Bernard und Johann Georg d'Orville, Lili Schönemanns Cousin. Der neue Besitzer Adolf von Büsing ließ es bis 1907 zur Schlossanlage ausbauen, die heute Tagungsräume des Sheraton-Hotels, das Standesamt sowie das ebenfalls sehenswerte Klingspor-Museum für internationale Buch- und Schriftkunst beherbergt.

Auf den Spuren Goethes und Lili Schönemanns wandelt man weiter zum Lilipark, einem Überbleibsel der einstigen Maingärten. Der am Ende des Parks hinter einem Zaun erkennbare Lili-Tempel ist zwar nach ihr benannt, sie selbst hat ihn aber nie gesehen. Er wurde erst 1798 vom Frankfurter Banker Johann Friedrich Metzler als Tee- und Badehaus erbaut. 1932, zum 100. Todestag Goethes, erhielt er seinen Namen und ist heute vor allem Ort für Kulturveranstaltungen.

Das Museum ist geöffnet: Di, Do, Fr. 10 bis 17 Uhr, Mi. 14 bis 19 Uhr, Sa., So. 11 bis 18 Uhr. Eintritt: Erwachsene 2,50 Euro, Kinder u. Jugendliche frei, mittwochs freier Eintritt.

Bahnhof **Seligenstadt**, RB/RE, Schiffsanleger am Main

EHEMALIGE BENEDIKTINERABTEI/ ALTSTADT
63500 Seligenstadt

www.primus-linie.de/de/fahrten/seligenstadt, www.schloesser-hessen.de

80 SELIGENSTADT **ALTSTADT**
Karolingisches Kleinod

Um dieses städtische Kleinod zu besuchen, verlassen wir ausnahmsweise die Schiene und begeben uns aufs Wasser. Nach Seligenstadt fährt man am besten auf dem Main. Zu Fuß sind es vom Anleger, wenn man sich etwas nördlich hält, nur wenige Meter bis in die historische Altstadt, wo es durch die Römerstraße auf den Marktplatz geht. Überall fällt der Blick auf schön restaurierte Fachwerkhäuser, die zumeist seit Generationen in Familienbesitz sind.

Die Geschichte der Stadt reicht weit zurück. Einhard, der Biograf Kaiser Karls des Großen, erhielt im Jahr 815 das Königsgut Mulinheim geschenkt und gründete am Main ein Benediktinerkloster. Er ließ auch das Wahrzeichen der Stadt bauen, die Einhard-Basilika, die durch die Gebeine der Märtyrer Petrus und Marcellinus zum Wallfahrtsort wurde. Den Namen der Stadt soll, so die Legende, der Kaiser selbst geprägt haben, dessen Tochter mit Einhard heimlich dort lebte. Als er in die Stadt kam, soll er gesagt haben: „Selig sei die Stadt genannt, da ich meine Tochter wiederfand." Noch heute steht dieser Satz auf dem Erker des Einhardhauses am Markt.

Südlich davon liegt die im 18. Jahrhundert barockisierte Klosteranlage. Besonders sehenswert ist der Konventgarten mit Kräutern und Zierpflanzen. In der Klostermühle wird donnerstags das berühmte Klosterbrot gebacken und verkauft. Zurück geht es wahlweise per Schiff oder Bahn (es gibt ein Kombiticket). Der Bahnhof liegt vom Klosterhof etwa sieben Minuten entfernt. Man läuft vom Freihofplatz aus die Aschaffenburger Straße entlang bis auf die Bahnhofstraße, und die bis zum Ende durch.

Das Kloster ist geöffnet: März bis Okt., Di. bis So. 10 bis 17 Uhr, Nov. bis Febr., Di. bis So. 10 bis 16 Uhr. Der Kostlergarten ist ganzjährig bis zum Einbruch der Dunkelheit zugänglich, im Sommer bis 20 Uhr. Der Eintritt kostet 4 Euro, ermäßigt 2,50 Euro.

Station **Platz der Republik**,
Straßenbahn-Linien 11, 16, 17, 21

DZ BANK AG
Deutsche Zentral-Genossenschaftsbank
Platz der Republik
60325 Frankfurt

www.dzbank-kunstsammlung.de

81 FRANKFURT **DZ-KUNSTSAMMLUNG**
Fotografie im Bankenturm

Frankfurt ist berühmt für seine Museen, nicht zuletzt wegen des Museumsufers. Doch Kunst hängt auch an anderen Orten. Etwa in den Bankentürmen. Das Cityhaus, vielen Frankfurtern noch als Selmi-Hochhaus bekannt, stammt aus dem Jahr 1975. Die Deutsche Zentral-Genossenschaftsbank, das Zentralinstitut der deutschen Volks- und Raiffeisenbanken, kurz DZ Bank, erwarb das Haus ein Jahr später. Wie fast alle Großbanken sammelt sie seit vielen Jahren Kunst. Sie besitzt mit rund 8.000 Werken eine der bedeutendsten Sammlungen zeitgenössischer künstlerischer Fotografie und hat, das ist das Besondere, ihre Sammlung im Jahr 2006 öffentlich zugänglich gemacht.

Die rund 300 Quadratmeter große Ausstellungshalle, das Art Foyer, liegt nur wenige Schritte von der Trambahn-Station entfernt. Man geht, vom Hauptbahnhof kommend, in Fahrtrichtung, überquert die Mainzer Landstraße und steht schon vor dem Cityhaus I. Der Eingang liegt einige Meter weiter die Friedrich-Ebert-Anlage entlang.

Drei- bis viermal jährlich wechseln die dortigen Ausstellungen, die entweder unter einem Thema stehen oder einen Künstler aus der Sammlung vorstellen, wie zuletzt Katharina Sieverding mit ihren großformatigen Selbstporträts. Künstlerische Fotografie umfasst alle Werke, die bei ihrer Entstehung einen fotochemischen oder fototechnischen Prozess durchlaufen haben. Sie bietet also eine große Vielfalt an Formen, erst recht seit der Möglichkeit der Digitalisierung. Andere Großbanken, wie die Deutsche Bank und selbst die EZB, bieten übrigens wenigstens öffentliche Führungen durch ihre ebenfalls stattlichen Sammlungen an.

Geöffnet: Di. bis Sa. 11 bis 19 Uhr. Eintritt frei.

Station **Frankfurt-Höchst**,
S-Bahn-Linien S1, S2

**PORZELLAN MUSEUM FRANKFURT
IM KRONBERGER HAUS**
Bolongarostraße 152
65929 Frankfurt-Höchst

www.historisches-museum-frankfurt.de/
porzellan_museum_frankfurt

82 FRANKFURT **PORZELLAN-MUSEUM**
Zerbrechliche Kunst

Die Höchster Porzellan-Manufaktur blickt auf eine gut 270-jährige Geschichte zurück. Da darf im Stadtteil natürlich ein Porzellan-Museum nicht fehlen. Es ist eines von nur 56 keramischen Fachmuseen im deutschsprachigen Raum und gehört zum Historischen Museum Frankfurt. Von der S-Bahn aus geht es links die Dalbergstraße bis zur nächsten Ecke, dann die Justinuskirchstraße etwa 250 Meter bis hinunter zur Altstadt. Dort biegt man links in die Kronengasse ein und trifft am Ende auf die Bolongarostraße. Das Kronberger Haus, in dem das Museum noch zu finden ist – ein Umzug in den Bolongaropalast ist geplant –, steht ein Stück weiter Richtung Osten auf der linken Seite.

Das Palais im Stil der Spätrenaissance stammt aus dem 16. Jahrhundert, sein Erbauer Franz von Cronberg war Amtmann in Höchst. Später diente es als Schule und Sitz der Freiwilligen Feuerwehr. Seit 1994 präsentiert es rund 1.800 zerbrechliche und fein bemalte Kunstwerke vor allem aus der Zeit des Rokoko und Klassizismus. Auf rund 1.000 Quadratmetern Ausstellungsfläche sind drei große Höchster Porzellansammlungen zu sehen. So ist die Geschichte der Porzellan-Manufaktur anhand der Tafelkultur der Jahrhunderte nachgezeichnet. Ein besonderer Glanzpunkt aber ist die Sammlung Kurt Bechtolds mit bedeutenden Figuren und Geschirren von Höchster Künstlern, die dieser 1997 dem Förderverein des Museums stiftete. 750 Höchster Fayencen und Porzellane aus der Städtischen Sammlung ergänzen die Ausstellung und zeigen die Vielfalt der alten „Höchster Porcellainefabrique".

Geöffnet: Sa. und So. von 11 bis 18 Uhr sowie an vielen Feiertagen. Eintritt: 4 Euro, ermäßigt 2 Euro.

Station **Kronberg**, S-Bahn-Linie S4

**VILLA WINTER
MUSEUM KRONBERGER
MALERKOLONIE**
Heinrich-Winter-Straße 4A
61476 Kronberg

www.kronberger-malerkolonie.com

83 KRONBERG **VILLA WINTER**
Ort der Kunst

Der Weg zur Kunst ist nur am Anfang steil. Gegenüber dem S-Bahnhof erklimmt man den Hügel bis zur Bahnhofstraße, dann geht es nur noch wenig bergauf bis zur Frankfurter Straße. Dort biegt man links und sofort wieder rechts ab in die Hartmuthstraße. Nach etwa 150 Metern geht es rechts in die Heinrich-Winter-Straße, an der auf der linken Seite etwas zurückgesetzt die nach dem Maler benannte Villa Winter zu sehen ist. Allein das Gebäude verfügt schon über eine interessante Geschichte. Heinrich Winter lebte hier bis zu seinem Tod 1911. Zuvor stand das Haus allerdings in Frankfurt, in der Neuen Mainzer Straße 13. 1870 musste es einem Durchbruch zur Kaiserstraße weichen. Winters künftiger Schwiegervater ließ das repräsentative Bürgerhaus zerlegen und in Teilen nach Kronberg transportieren, wo es vor den Toren der Altstadt wieder aufgebaut wurde.

Seit 2018 beherbergt es das Museum Kronberger Malerkolonie mit seiner heute mehr als 600 Objekte umfassenden Sammlung. Kronberg war ab 1840 Standort einer der frühesten deutschen Künstlerkolonien. Gründer dieser wichtigen Malerkolonie des 19. Jahrhunderts, in der über die Jahre mehr als 100 Künstler tätig waren, war Anton Burger. Mit ihm zogen viele Kollegen aus dem industrialisierten Frankfurt in die ländliche Umgebung, um in der freien Natur zu malen.

Doch auch die wohlhabenden Frankfurter entdeckten Kronbergs Schönheit und machten es zum noblen Villenort. Seitdem Kaiserin Victoria von Preußen 1894 dorthin zog (siehe S. 161), kamen viele Porträt- und Historienmaler hinzu. Nach dem Tod Burgers 1905 löste sich die Malerkolonie allmählich auf.

Geöffnet: Mi. 15 bis 19 Uhr, Sa. 12 bis 18 Uhr, So. 11 bis 18 Uhr. Eintritt: 6 Euro, ermäßigt 5 Euro.

Station **Mainz Römisches Theater**,
S-Bahn-Linie S8

KIRCHE ST. STEPHAN
Kleine Weißgasse 12
55116 Mainz

www.st-stephan-mainz.de

84 MAINZ **ST. STEPHANSKIRCHE**
Das blaue Wunder

Wenn Pfarrer Klaus Mayer von den Werken Marc Chagalls erzählt, könnte man ihm stundenlang zuhören. St. Stephan ist die einzige deutsche Kirche, für die der jüdische Künstler Marc Chagall, einer der bedeutendsten Maler des 20. Jahrhunderts, Fenster schuf. Um diese wunderschön blau leuchtenden Werke zu sehen, geht es vom Bahnsteig der Station in Fahrtrichtung einen asphaltierten Fußweg entlang, dann überquert man die Windmühlenstraße, geht den Eisgrubweg ein paar Meter bergauf, rechts in die Goldenluftgasse und schließlich links die Treppen hinauf, an deren Ende die älteste gotische Hallenkirche des Mittelrheintals steht, die 1340 fertiggestellt wurde.

Seit 40 Jahren beherbergt das katholische Gotteshaus mit 177 Quadratmetern Buntglas Chagalls größtes Glaskunstwerk. Zu verdanken ist das Monsignore Mayer. Als die Kirche nach dem Krieg Anfang der 1970er Jahre endlich wiederhergestellt war, bat er Chagall, die Kirchenfenster zu schaffen, und dieser sagte tatsächlich zu.

1978 wurde das erste Fenster mit biblischen Motiven des damals 91 Jahre alten Künstlers in der Kirche eingesetzt. Darauf folgten weitere acht, sechs im Ostchor, drei im Querhaus. Sie strahlen Optimismus aus und sind zugleich ein Zeichen französisch-deutscher Freundschaft und jüdisch-christlicher Verbundenheit. Das letzte Fenster vollendete Chagall kurz vor seinem Tod im 98. Lebensjahr. In Mainz war er übrigens nie, wurde dank seines Werks aber Ehrenbürger der Stadt. 19 weitere Fenster der Kirche schuf Charles Marc, Chef des Ateliers in Reims, mit dem Chagall 28 Jahre lang zusammenarbeitete.

Geöffnet: Sommer: Mo. bis Sa. 10 bis 17 Uhr, So. 12 bis 17 Uhr; Winter: Mo. bis Sa. 10 bis 16.30 Uhr, So. 12 bis 16.30 Uhr. Monsignore Klaus Mayer bietet Meditationen zu den Fenstern an, auch für Gruppen. Es gibt zudem Führungen.

85 RÜSSELSHEIM **OPELVILLEN**
Historie und Kunst

In Rüsselsheim kommt man an Adam Opel nicht vorbei. Schon am Bahnhofplatz sind die Spuren des berühmtesten Sohns der Stadt unübersehbar. Dort stand einst die erste Fabrik des Schlossers, der mit Nähmaschinen und später Fahrrädern das heutige Unternehmen begründete. Die ersten Autos bauten erst seine Söhne. Der lange rote Backsteinbau des Altwerks mit dem mächtigen Hauptportal ist durch seine Jugendstilanklänge eine industriegeschichtliche Sehenswürdigkeit, die gerade neu belebt werden soll. Vor dem Portal steht eine Statue Opels, die das Unternehmen zu dessen 100. Geburtstag im Jahr 1937 aufstellen ließ.

Geht man über den Platz und die Bahnhofstraße etwa 250 Meter nach Norden, passiert man links am Haus Nr. 5a eine Tafel, die auf den Standort des Geburtshauses Adam Opels auf dem heutigen Friedensplatz hinweist. Und die erste Werkstatt Opels liegt nicht weit entfernt am Löwenplatz.

Kurz hinter dem Friedensplatz geht es gegenüberliegend durch den Verna-Park (siehe S. 61) zu den Opelvillen. Die Villa Wenske erwarb Opels Sohn Fritz im Jahr 1920 und errichtete zehn Jahre später eine zweite Villa, das so genannte Herrenhaus, und verband beide durch einen Wintergarten. Er bewohnte das „Schloss am Main" wie er es nannte, bis zu seinem Tod 1938. 1955 gingen die Gebäude in den Besitz der Stadt über. Heute beherbergt das Ensemble die von der Stadt 2001 gegründete Stiftung Opelvillen, die dort Ausstellungen zur zeitgenössischen Kunst und klassischen Moderne zeigt. Es gibt in den Villen auch Gastronomie und ein Trauzimmer.

Geöffnet: Mi. 10 bis 18 Uhr, Do. 10 bis 21 Uhr, Fr. bis So. 10 bis 18 Uhr.

Station **Wiesbaden Hauptbahnhof**,
S-Bahn-Linien S1, S8, S9

CALIGARI FILMBÜHNE
Marktplatz 9
65183 Wiesbaden

www.wiesbaden.de

86 WIESBADEN **CALIGARI FILMBÜHNE**
Lichtspielhaus

Der Wiesbadener Filmemacher Volker Schlöndorff nannte sie das „Juwel unter den deutschen Lichtspielhäusern". Die Caligari FilmBühne ist das, was man als cineastische Oase bezeichnen würde: ein bis hinauf zum schwungvollen Dach prunkvoll mit Holz, Messing und Stoff ausgestattetes Filmtheater mit großzügigen Sitzen und goldenen Kelch-Leuchten an den Seiten. Wer dieses Kino besucht, will nicht nur einen Film auf großer Leinwand sehen, er kann sich dabei auch in das opulente Ambiente früherer Lichtspielhäuser zurückversetzen lassen.

Der Weg dorthin verläuft durch die Unterführung, die Bahnhofstraße entlang Richtung Norden und die Fußgängerzone weiter bis zum Marktplatz. Dort geht man über das Dernsche Gelände, rechts vorbei am Neuen Rathaus. Am hinteren Ende der Marktkirche liegt der Eingang zum Kino, das nach dem Stummfilm „Das Cabinet des Dr. Caligari" benannt ist und unter Denkmalschutz steht. Als „Ufa am Park" startete es 1926 und wurde in den 1950er Jahren grundlegend umgestaltet. Aus dieser Zeit stammt die Innenausstattung des Architekten Ludwig Goerz – ein bisschen Jugendstil, ein bisschen Art Déco. In den 1970er Jahren übernahm es die Stadt Wiesbaden, steckte dreißig Jahre später dreieinhalb Millionen Euro in die Renovierung und brachte die alte Pracht wieder ans Tageslicht.

Das Kino lebt vom Ambiente und von den regelmäßigen Filmreihen wie dem „goEast" und dem „FernsehKrimi-Festival", zu dem immer wieder prominente Gäste kommen. Es gibt Kino für Kinder und Abende zu aktuellen Themen, die nach dem Film diskutiert werden. Da kann es schon mal später werden.

Jugendstil
Schenkung
F. W. Neess

Museum Wiesbaden

Hbf Wiesbaden

Station **Wiesbaden Hauptbahnhof**, S-Bahn-Linien S1, S8, S9

MUSEUM WIESBADEN
Hessisches Landesmuseum
für Kunst und Natur
Friedrich-Ebert-Allee 2
65185 Wiesbaden

www.museum-wiesbaden.de

87 WIESBADEN **HESSISCHES LANDESMUSEUM**
Natur und Kunst

Vom Bahnhofsplatz aus nimmt man die Unterführung unter der Bundesstraße, durchquert dann rechts die Grünanlage bis zur Friedrich-Ebert-Allee. Dieser folgt man vorbei am neuen RheinMain Congress Center, bis auf der anderen Straßenseite das stattliche, auf Säulen ruhende Museum zu sehen ist. Die Exponate dort reichen von der Prähistorie bis in die Gegenwart, von naturhistorischen Stücken, etwa Millionen Jahre alten Versteinerungen aus der Region, farbenfrohen Schmetterlingsflügeln und formenreichen Schneckenhäusern, bis zu Gemälden und Zeichnungen.

Bekannt ist das Haus vor allem für seine Kunst der Moderne, ganz besonders für die rund 100 Werke des russischen Expressionisten Alexej von Jawlenski, der die letzten zwanzig Jahre seines Lebens in Wiesbaden verbrachte, sowie die Sammlung der Kunstmäzenin Hanna Bekker vom Rath aus dieser Zeit, aus deren Nachlass das Museum 30 Bilder dauerhaft zeigen kann.

Seit Kurzem aber verfügt das Haus, dank der Schenkung des kürzlich verstorbenen Wiesbadener Mäzens Ferdinand Wolfgang Neess, über eine der bedeutendsten Privatsammlungen des Jugendstils und des Symbolismus. Mehr als 500 Objekte, darunter Alltagsgegenstände wie Möbel, Lampen, Glaskunst und Silber, aber auch Gemälde sind seit Juni 2019 auf rund 800 Quadratmetern ausgestellt und bilden ein Gesamtkunstwerk dieser Epoche. Die Schenkung passt wunderbar zur übrigen Ausstellung, da die damalige Kunst häufig die Natur widerspiegelte. Und ohne die breite Strömung des Jugendstils wäre auch die Avantgardekunst eines Alexej von Jawlenski nicht denkbar gewesen.

Geöffnet: Di und Do. 10 bis 20 Uhr, Mi. und Fr. 10 bis 17 Uhr, am Wochenende 10 bis 18 Uhr. Eintritt: 6 Euro, ermäßigt 4 Euro; Sonderausstellungen 10 Euro, ermäßigt 7 Euro. An jedem ersten Samstag im Monat ist der Eintritt frei.

Station **Bad Vilbel**, S-Bahn-Linie S6

HIT RADIO FFH
FFH-Platz 1
61111 Bad Vilbel

www.ffh.de

88 BAD VILBEL **FFH**
Radiowelt

Üblicherweise hört man die Stimmen von Daniel Fischer, Julia Nestle, Johannes Scherer oder Evren Gezer im Radio. Bei einer Führung durchs Funkhaus von Hit Radio FFH kann man die Moderatoren auch mal bei der Arbeit erleben und sie vielleicht sogar kennenlernen. Und nicht nur das, vom Besucherzentrum aus kann man einen Blick in die technisch gerade auf den neuesten Stand gebrachten Studios werfen. Dazu gibt es eine Einführung darüber, wie Radio überhaupt funktioniert und was die Redaktion macht.

Der Weg zur Radiowelt ist nicht weit. Man verlässt den Bahnhof, geht über den Bahnhofsplatz bis zur Friedberger Straße, überquert diese und biegt links ab bis zur Heinrich-Heine-Straße. Diese geht man etwa 200 Meter entlang und steht schon vorm gläsernen Funkhaus, das im Sommer 2001 eingeweiht wurde.

Seit fast 20 Jahren produziert der Privatsender Hit Radio FFH aus Bad Vilbel Radioprogramm für Hessen. Angefangen hat er 1989 in einer ehemaligen Tipp-Ex-Fabrik in Frankfurt-Rödelheim. Was die Hörerzahlen angeht, ist er der zweitgrößte private Radiosender Deutschlands nach Antenne Bayern. Zur Radio/Tele FFH Gmbh & Betriebs-KG gehören auch der junge Sender „planet radio" und „harmony.fm". Beim Rundgang erfährt man natürlich auch, was FFH eigentlich bedeutet. Die Abkürzung steht für Funk und Fernsehen Hessen.

90-minütige Führungen durchs Funkhaus sind kostenlos. Auch Kinderführungen ab 8 Jahre werden angeboten. Einen Termin vereinbart man unter Tel. 06101/988 344.

Station **Bad Vilbel**, S-Bahn-Linie S6

HASSIA MINERALQUELLEN GMBH & CO. KG
Gießener Str. 18-30
61118 Bad Vilbel

www.hassia.com

89 BAD VILBEL **HASSIA**
Sprudelnde Geschichte

Die Firma Hassia Mineralquellen ist eng mit Hessen verbunden. Das zeigt schon der Name, denn „hassia" ist das lateinische Wort für Hessen. Das Familienunternehmen, das heute in fünfter Generation geleitet wird und das auch Besucher durch die Abfüllstraße führt, liegt etwa acht Minuten vom Bad Vilbeler Bahnhof entfernt. Von dort aus geht es über den Bahnhofsplatz links in die Friedberger Straße. Am Zebrastreifen überquert man diese, biegt rechts in die Heinrich-Heine-Straße ein und dann wieder links in die nächste Querstraße. Nach 100 Metern auf der Gießener Straße ist das Quellenmuseum auf der rechten Seite erreicht.

Die erste Quelle erschloss der Gastwirt Johann Philipp Wilhelm Hinkel bereits 1864, also vor gut 150 Jahren, auf dem Familiengrundstück in Bad Vilbel. Auch dass sein Sohn schließlich das Mineralwasser zur Marke machte und dessen Söhne wiederum 1936 einen neuen Brunnen bohrten, ist im hauseigenen Museum zu erfahren. Dieser Brunnen wurde 1955 als Heilquelle staatlich anerkannt und bildet heute im Quellentempel des Kurparks, nahe der Kasseler Straße, eines der Aushängeschilder der Stadt. Ihm verdankt die Stadt schließlich, dass sie heute Kurort ist.

Bei einer Führung durch das Unternehmen sehen die Besucher aber auch die Produktion, die modernen Speichertanks und eine der sieben Abfüllstraßen des Mineralwassers aus der Nähe. Sie dürfen zudem einen Blick ins Hochregallager werfen, in dem Platz für 30 Millionen Flaschen ist. Dort lagert übrigens nicht nur Mineralwasser unterschiedlicher Marken, zu Hassia gehören auch Rapp's Apfelweine, der Alte Hochstädter und Bionade.

Kostenlose Führungen gibt es in der Zeit von Mo. bis Do. von 10 bis 12 und 14 bis 16 Uhr. Es können sich Gruppen, aber auch Einzelpersonen anmelden, unter Tel. 06101/4030.

Station **Hanau Hauptbahnhof**,
S-Bahn-Linien S8, S9

HANAU HAFEN GMBH
Saarstraße 12
63450 Hanau

www.hanau-hafen.de

90 HANAU **HAFEN**
Verbindung zum Schwarzen Meer

Eine Hafenrundfahrt in Hamburg gehört zum festen Besichtigungsprogramm. Warum dann nicht mal einen Binnenhafen besuchen? Auch wenn er nur über ein Hafenbecken verfügt, der Hanauer Hafen ist nach Frankfurt der zweitgrößte am Main und einer der größten Binnenhäfen Deutschlands. Er bietet zwar keine Rundfahrten an, dafür aber Führungen. Vom Hauptbahnhof aus ist es ein kleiner Fußmarsch bis zum Hafengebiet, zunächst durch die Unterführung unter der Auheimer Straße, dann durch einen kleinen Weg, der zur Röderseestraße führt. Diese geht man links bis zur Rodgaustraße, dann rechts weiter. Vor der Araltankstelle geht es rechts in die Josef-Bautz-Straße und kurz darauf wieder rechts in die Hafenstraße, bis man links auf die Saarstraße und das Hafenbecken trifft. Dort ist das Verwaltungsgebäude der Hanau Hafen GmbH, wo es zunächst eine Einführung in die Geschichte und Entwicklung gibt.

Nachdem der Erste Weltkrieg die Umsetzung der seit 1913 genehmigten Pläne für den Hafen vereitelte, konnte dieser erst 1924 eröffnet werden. Seither werden Massengüter in dem 950 Meter langen Becken und auf einer 800 Meter langen Fläche am Fluss be- und entladen. Es können Schiffe bis zu 4.000 Tonnen einlaufen. Pro Jahr werden rund drei Millionen Tonnen Flüssigstoffe, Schüttgüter oder auch Schwerlasten verladen, die Richtung Nordsee oder über den Main-Donau-Kanal bis zum Schwarzen Meer verschifft werden können. Bei dem sich anschließenden geführten Rundgang über das Gelände, über Schotter und Schienen laufend, bekommt man dann einen guten Eindruck davon, wie es in so einem Industriehafen zugeht.

Führungen, auch für Gruppen, können auf der Internetseite gebucht werden. Sie kosten für Erwachsene 5 Euro, für Kinder 2,50 Euro.

91 MAINZ **ZDF**
Beim Zweiten

In Zeiten von Fake News und anderen Versuchen, die Glaubwürdigkeit des Journalismus zu untergraben, ist es um so interessanter, sich die Arbeit der Berichterstatter einmal aus der Nähe anzusehen. Im Rhein-Main-Gebiet geht das sogar bei den Kollegen, die man täglich sieht, wenn man den Fernseher einschaltet. Das ZDF auf dem Mainzer Lerchenberg ist auf rund einem Quadratkilometer eine Welt für sich – mit Sendezentrum, Verwaltung und Intendanz, dem Redaktionsgebäude, dem Sendebetriebsgebäude und dem Fernsehgarten. Und doch ist es zugänglich und bietet Führungen an.

Um den Lerchenberg zu erreichen, steigt man am Hauptbahnhof in die Straßenbahn um und verlässt diese an der nach dem Mainzer Medienhaus benannten Haltestelle Marienborn VRM. Von dort aus geht es die Erich-Dombrowski-Straße ein Stück zurück und links in den Marienborner Bergweg. Nach einigen Metern erreicht man die ZDF-Hauptpforte.

Vor dem Rundgang zeigt ein Unternehmensfilm die Geschichte und den Aufbau des Senders, der einer der größten öffentlich-rechtlichen in Europa ist. Am 1. April 1963 ging das Zweite Deutsche Fernsehen einst auf Sendung, zunächst von Eschborn aus. Ab 1967 baute man nach und nach das Sendezentrum auf dem Mainzer Lerchenberg auf. Bis heute überwacht ein 60-köpfiger Fernsehrat aus Vertretern der Länder, des Bundes, der Religionsgemeinschaften und vieler weiterer Institutionen das Programm. Beim Rundgang kann man dann selbst hinter die Kulissen schauen und erfahren, wie „heute", der „ZDF-Fernsehgarten" oder andere Sendungen entstehen.

Das ZDF bietet von Mai bis Sept. Mo. bis Sa. und von Okt. bis April nur samstags eineinhalbstündige Führungen an. Diese sind kostenfrei, eine Anmeldung ist obligatorisch via Mail unter fuehrungen@zdf-service.de.

Bahnhof **Oestrich-Winkel**, RB/RE

BRENTANOHAUS
Am Lindenplatz 2
65375 Oestrich-Winkel

www.brentano.de

92 OESTRICH-WINKEL **BRENTANOHAUS**
Goetheruh

Die Rheingau-Linie bringt einen von Frankfurt aus direkt nach Oestrich-Winkel. Dort wird man von einem wenig schönen Bahnhof empfangen. Auch der Weg rechter Hand, immer die Hauptstraße entlang, ist nicht sehr attraktiv und zieht sich ein wenig. Doch betritt man auf der linken Seite nach gut einem Kilometer den Innenhof des Brentanohauses, betritt man eine andere Welt. Unter alten Bäumen stehen dort schön eingedeckte Tische, die Fassade des Hauses strahlt in einem frischen Ockerton. Das 1751 erbaute Gebäude diente dem Frankfurter Kaufmann Franz Brentano ab 1804 als Sommersitz. Seine Halbgeschwister, die Dichter der Rheinromantik, Clemens und Bettina, waren oft zu Gast, wie auch andere Persönlichkeiten aus Kunst, Wissenschaft und Politik.

Wer eine Führung vereinbart hat, wird von der ehemaligen Hausherrin Angela Baronin von Brentano – die Familie verkaufte das Anwesen 2014 an das Land Hessen – durch die Räume geleitet. Sie erzählt anregend von ihren Vorfahren und von Goethe, der das Haus besuchte und in dem noch heute ausgestellten Bett schlief. Selbst die Tapete in seinem Zimmer ist original erhalten.

Nach dem Besuch und einem Päuschen im lauschigen Innenhof lohnt sich eine kurze Wanderung durch die Weinberge zum etwas höher gelegenen Schloss Vollrads mit seinem markanten Wohnturm. Dort kann man den Wein eines der ältesten Weingüter Deutschlands kosten und kaufen oder einfach die lauschige Atmosphäre im Innenhof genießen. Zurück geht es wieder durch die Weinberge und am Ende durch den Ort zum Bahnhof. Geht man immer Richtung Rhein, ist die Bahnstrecke nicht zu verfehlen.

Es gibt offene Führungen an den Samstagen, aber auch die Möglichkeit, eine Gruppenführung zu buchen. Die Termine stehen auf der Internetseite.

Station **Rüsselsheim**, S-Bahn-Linien S8, S9

OPEL AUTOMOBILE GMBH
Fritz-Lutzmann-Ring 1
65423 Rüsselsheim

www.opel.de/ueber-opel/
opel-werkstour.html

93 RÜSSELSHEIM **OPELWERK**
Mit der Bahn zum Auto

Warum sollten Autofans nicht auch mal auf der Schiene unterwegs sein? Das Opelwerk ist jedenfalls bestens zu erreichen. 1862 produzierte Adam Opel in Rüsselsheim die erste Nähmaschine, ab 1899, vier Jahre nach dem Tod des Firmengründers, folgten die ersten Automobile. Damit zählt Opel zu den traditionsreichsten Fahrzeugherstellern der Welt. Heute steht das Opelwerk, das mittlerweile zur französischen Groupe Peugeot Société Anonyme (PSA) gehört, für modernste Produktion, wurde es doch im Jahr 2002 vollständig neu errichtet. Wer nach Voranmeldung einen Blick in die Werkshallen werfen möchte, in denen heute unter anderem der Opel Insignia entsteht, für den bietet Opel wochentags Führungen an.

Es gibt zwar eine S-Bahn-Station Opelwerk, die aber für die Mitarbeiter gedacht ist. Die Werkstour beginnt am Eingang am Rugbyring. Man verlässt die Station Rüsselsheim daher Richtung Rheinstraße. An deren östlichen Ende überquert man einen kleinen Platz und geht die Darmstädter Straße am besten auf der rechten Straßenseite entlang. Nach etwa 400 Metern geht es rechts auf den Rugbyring, von dem aus eine Einfahrt zum Werkseingang führt.

120 Jahre Automobilproduktion bieten viel Stoff für eine Führung. Neben einem Blick in die Historie, in der in Rüsselsheim vom Patent-Motorwagen über den Laubfrosch bis hin zum Rekord, dem Kapitän und dem Admiral viele Modelle entstanden, geben die Mitarbeiter einen Einblick in die modernsten Produktionsmethoden. Seit Kurzem gibt es auch Opel-Classic-Touren, die die Schätze der Unternehmensgeschichte, wie etwa das Raketenfahrzeug RAK 2, in den Mittelpunkt stellen.

Alle Touren finden wochentags und nur nach vorheriger Anmeldung statt.

Station **Wiesbaden Hauptbahnhof**,
S-Bahn-Linien S1, S8, S9

HESSISCHER LANDTAG
Schlossplatz 1–3
65183 Wiesbaden

www.hessischer-landtag.de

94 WIESBADEN **HESSISCHER LANDTAG**
Auf die Finger geschaut

Politiker, die man ja meist nur aus Zeitung und Fernsehen kennt, sind heutzutage nicht besonders hoch angesehen. Wie wäre es da, die Damen und Herren einmal persönlich bei der Arbeit anzuschauen, um sich ein eigenes Bild zu machen? Im Hessischen Landtag ist das nach Voranmeldung möglich.

Der Weg dorthin verläuft durch die Unterführung und die Bahnhofstraße entlang Richtung Norden, dann die Fußgängerzone in der Marktstraße weiter, bis man am Ende auf das ehemalige Stadtschloss der nassauischen Herzöge trifft. Auf dem Dach der markanten „runden Ecke" des zweiflügeligen Baus weht die Hessische Landesfahne. Seit 1946 kommt hier das Landesparlament zu seinen Sitzungen zusammen. Alle fünf Jahre werden seine 110 Mitglieder gewählt. Die Abgeordneten können sich dann für die Dauer der Wahlperiode zu Fraktionen zusammenschließen, in Ausschüssen zusammenarbeiten und die Ergebnisse ihrer Arbeit mittels Gesetzen umsetzen.

Von der Besuchergalerie aus kann man eine Plenarsitzung live verfolgen, zuvor gibt es eine Einführung in die Arbeit des Landtags. Im Anschluss besteht sogar die Möglichkeit, mit den Abgeordneten persönlich ins Gespräch zu kommen. Wenn gerade keine Sitzungen abgehalten werden, kann man alternativ an einer etwa einstündigen Führung durch das Gebäude und einige historische Räume des mit Kuppelsaal und Wintergarten prachtvoll ausgestatteten klassizistischen Stadtschlosses, einst Fürstensitz und Zweitwohnsitz der preußischen Könige, teilnehmen. Bis 2021 wird der Bau noch saniert, danach können auch die öffentlichen Samstags-Führungen hoffentlich wieder stattfinden.

Die Führungen, für die man sich vorher anmelden muss, sind kostenlos. Ein virtueller Rundgang auf der Webseite gibt einen Vorgeschmack.

Bahnhof **Darmstadt Ost**, RB/RE

WOOG FAMILIENBAD
Landgraf-Georg-Straße 121
64287 Darmstadt

www.darmstadt.de

95 DARMSTADT **GROSSER WOOG**
Badesee hinterm Bahnhof

Er liegt im Zentrum der Stadt und ist doch eine Oase: der Große Woog. Wo findet man sonst einen Naturbadesee gleich hinterm Bahnhof. Bei den Darmstädtern ist das Gewässer sehr beliebt, auch wenn es im Durchschnitt gerade mal zwei Meter tief ist. An den beiden Badestellen „Familienbad" und „Insel" kann man wunderbar auf den langen Stegen oder am kleinen Strand in der Sonne liegen. Es gibt sogar einen Zehnmeter-Sprungturm und im Wasser eine Insel, zu der man schwimmen kann.

Vom Ostbahnhof aus ist der fast sechs Hektar große See leicht zu erreichen. Man läuft, aus dem Bahnhof kommend, immer geradeaus die Landgraf-Georg-Straße entlang und überquert sie auf dem Weg. Auf der linken Seite liegt noch vor der Darmstädter Jugendherberge der Eingang zum „Familienbad". Bereits vorher geht links ein Weg zwischen den Bäumen hindurch zum Froschweg, der zur Heinrich-Fuhr-Straße hinüberführt, wo der Eingang zur „Insel" ist.

Entstanden ist der Woog – in Südhessen ist das ein Ausdruck für stehende Gewässer – bereits Mitte des 16. Jahrhunderts, wahrscheinlich als Löschteich. Er speist sich aus dem Darmbach, der die Stadt durchquert. Um 1820 wurde er nachweislich bereits als Badeteich genutzt. Das gesamte Ensemble der Bäder steht unter Denkmalschutz. Das Gebäude im „Familienbad" wurde in den 1990er Jahren nach dem Vorbild des 1927/28 entstandenen „Frauenbades" im expressionistischen Stil gebaut. Es gab übrigens auch mal einen Kleinen Woog, der 1888 zugeschüttet wurde. Heute ist an dieser Stelle der Woogplatz.

Eintritt: Erwachsene 3,50 Euro, Kinder 1,70 Euro. Es gibt zwei Badestellen, das „Familienbad" und die „Insel", Heinrich-Fuhr-Straße 20, ebenfalls in Laufweite.

Station **Schloss**,
Straßenbahn-Linien 2, 3, 9

JUGENDSTILBAD DARMSTADT
Mercksplatz 1
64287 Darmstadt

www.jugendstilbad.de

96 DARMSTADT **JUGENDSTILBAD**
Wellness fürs Auge

Das Auge badet im Jugendstil, der Körper im Wasser. Diese wunderschöne Verbindung gibt es in der Jugendstilstadt Darmstadt. Vom Hauptbahnhof aus steigt man in die Tramlinie 2, 3 oder 9 bis zum Schloss und läuft von dort die Landgraf-Georg-Straße hinunter, bis auf der rechten Seite das sandsteinhelle Jugendstilbad mit dem großen Turm auftaucht. Von außen spiegelt das Haus eher neoklassizistische Architekturformen wieder. Drinnen aber finden sich viele Dekoelemente aus dem Jugendstil, die farbenfroh restauriert wurden.

Man schwimmt in der historischen „Herrenhalle", in die zur Eröffnung im Jahre 1909 tatsächlich nur Herren durften. Am Kopfende steht entsprechend ein geschwungener Brunnen mit einem hübschen Jüngling an der Spitze. Es gab aber auch eine Damenschwimmhalle im südlichen Flügel – die Moralvorstellungen der damaligen Zeit verlangten eine strikte Geschlechtertrennung auch bei den Wannen- und Dampfbädern.

Das Becken für Damen wurde im Zweiten Weltkrieg zerstört und in den 1960er Jahren durch eine Schulschwimmhalle ersetzt. Ab 2005 hat die Stadt das gesamte Gebäude denkmalgerecht und mit viel Liebe restauriert. Dabei wurde der Neubau durch eine moderne Halle ersetzt, in der sich heute das Badebecken für Kinder und die Saunalandschaft mit Dachterrasse und Blick über die Innenstadt, ein Hamam, ein römisch-irisches Dampfbad und vieles mehr befinden. So wie früher, ist das Bad auch heute wieder eine Stätte des Genusses. Das historische Ambiente bietet dazu Wellness fürs Auge.

Geöffnet: täglich von 10 bis 22 Uhr.

Station Frankfurt **Fischstein**,
U-Bahn-Linie U6

BRENTANOBAD
Rödelheimer Parkweg
60489 Frankfurt

www.frankfurter-baeder.de/
freibad-brentanobad/

97 FRANKFURT **BRENTANOBAD**
Das Becken der Superlative

Vom U-Bahnhof aus sind es nur noch ein paar Meter, die sich aber etwas ziehen können, weil man gleich zwei Hauptstraßen, Am Industriehof und die Ludwig-Landmann-Straße, überqueren muss. Dann folgt schon nach wenigen Metern auf der rechten Seite der Eingang zum Schwimmbad. Im Sommer muss man dort zwar häufig längere Schlangen in Kauf nehmen, aber immerhin betritt man Frankfurts größtes Freibad mit dem größten Schwimmbecken Deutschlands, das eine Wasserfläche von 11.000 Quadratmetern bietet. Und auf den geräumigen Liegewiesen verlaufen sich selbst 10.000 Besucher ganz gut.

So viele werden es 1930 noch nicht gewesen sein, als die Stadt das Brentanobad als naturnahes Flussschwimmbad in einem Altarm der Nidda eröffnete. Erst 1960 wurde es aufgrund der sinkenden Wasserqualität im Fluss von ihm getrennt und sechs Jahre später neu eröffnet. Bis 2005 war das Bad aber immer noch nicht an die Wasserversorgung angeschlossen. Das Becken musste mit Schläuchen aus den Hydranten für Löschwasser gefüllt werden, was bei der Größe fünf Tage dauerte. Das übernahm zu Beginn der Saison die Freiwillige Feuerwehr.

Heute ist das Bad modern, der Schwimmerbereich mit seinen 125 Metern Länge bietet viel Platz, den allerdings auch die Nilgänse für sich entdeckt haben. Für die Kleinen gibt es ein Planschbecken mit Spielwiese. Man kann auf dem Gelände Beachvolleyball spielen, es gibt einen Imbiss mit Biergarten und sogar einen italienischen Eissalon. Weil das Becken unbeheizt ist, wird über die Saisonöffnung im April oder Mai je nach Wetterlage entschieden. Aber die Sommer sollen ja heißer werden.

Geöffnet: Mo. bis Fr. 10 bis 20 Uhr, Sa. und So. 9 bis 20 Uhr. Eintritt: Erwachsene 5 Euro, ermäßigt 3,30 Euro, ab 18 Uhr 3,50 bzw. 2,30 Euro.

Station **Eissporthalle/Festplatz**,
U-Bahn-Linien U6, U7

EISSPORTHALLE FRANKFURT
Am Bornheimer Hang 4
60386 Frankfurt

www.eissporthalle-ffm.de

98 FRANKFURT **EISSPORTHALLE**
Hier geht es rund

Der Weg zum Eisvergnügen ist kurz. Verlässt man die U-Bahn-Station in südlicher Richtung zum Ratsweg, sieht man die Eissporthalle bereits von Weitem. Drinnen kann man auf insgesamt 9.000 Quadratmetern Eis seine Runden drehen. Anfänger nutzen gerne die umlaufenden Banden in der großen und kleinen Halle zum Stützen. Profis laufen in der Mitte zur Musik. Auf dem Außenring mit dem 400-m-Schnelllaufring fährt man sogar unter freiem Himmel. Oder man schaut einfach zu bei Eishockey-Spielen der Löwen oder Eiskunstlauf-Turnieren. Eissport hat in Frankfurt Tradition. Schon Goethe liebte das Schlittschuhlaufen auf dem Main. Der erste deutsche Eislaufverein entstand 1861 in Frankfurt.

Die Eissporthalle macht zwar von Ostern bis Ende August Sommerpause. Doch Veranstaltungen wie das weltgrößte Amateurtanzturnier „Hessen tanzt" oder die Fahrradmesse VELOFrankfurt locken dennoch Tausende Besucher in die Halle. Und auf dem Festplatz davor ist ebenfalls häufig etwas los, wie der monatliche Flohmarkt, immer sonntags, von 8 bis 16 Uhr.

Nicht zu vergessen die jährliche Frühjahrs-Dippemess rund um Ostern, das meistbesuchte Volksfest der Rhein-Main-Region. Oder die Herbst-Dippemess im September. Ihre Geschichte reicht bis ins 14. Jahrhundert zurück, als auch die Töpfer aus der Region ihre „Dippe" auf der Messe anboten. Heute stehen auf der Dippemess zwar immer weniger Dippe-Stände, dafür Achterbahn, Geisterbahn oder Riesenrad. In den kommenden Jahren soll neben der Halle dann auch das neue Familienbad entstehen, das das nahegelegene Panoramabad ersetzt.

Die Öffnungszeiten sind, je nachdem, ob Vor-, Haupt- oder Nachsaison ist und je nach Witterung unterschiedlich. Der Eintritt kostet 7 Euro in der Hauptsaison für Erwachsene, für Kinder 5 Euro, sonst 5 Euro für Erwachsene, Kinder 4 Euro. Es gibt einen Schlittschuhverleih.

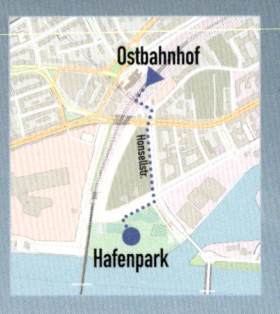

Station **Frankfurt Ost**, U-Bahn-Linie U6

HAFENPARK
Honsellstraße
60314 Frankfurt

www.kvfm.de, www.frankfurt-tourismus.de

99 FRANKFURT **HAFENPARK**
Training mit Mainblick

Im Schatten der EZB skaten, klettern oder Basketball spielen – so etwas geht eben nur in Frankfurt. Durch den Neubau der Europäischen Zentralbank ist am Mainufer ein vier Hektar großes freies Gelände entstanden, auf dem die Stadt vor einigen Jahren den Hafenpark angelegt hat. Die Bürger durften sogar mitplanen und wünschten sich Sportangebote und Wiesen. Entsprechend gibt es seit 2013 eine Skateanlage für Anfänger und Profis, einen Bolzplatz, ein Basketballfeld, einen Kletterparcour oder eine Fitnessanlage. Für Kinder sind Kletterkugeln und Sandspielplätze vorhanden. Der südliche Teil ist für die Sonnenanbeter und Picknicker reserviert.

Und dann kann man natürlich einen Spaziergang am nördlichen Mainufer unternehmen. Kurz vor der Deutschherrnbrücke kommt man an seltsamen Stangen vorbei, die in die Luft ragen. Sie sind Teil der Klimaroute, die sich entlang des Mains zieht. Die künstlerische Installation soll biegsame Windhalme darstellen. Eine Tafel informiert zudem über den Flusswind und den Partnerfluss des Mains, den Okowango in Afrika.

Der Weg zum Hafenpark ist überschaubar. Von der Station aus geht es unterirdisch bis zur Ferdinand-Happ-Straße. Von dort aus überquert man rechts die Hanauer Landstraße und läuft geradeaus die Honsellstraße entlang, bis hinter der Mayfarthstraße rechts der Park beginnt. Ein Stückchen weiter die Treppe hinunter kann man beim Kunstverein Familie Montez im Brückenbau zeitgenössische Kunst genießen und bei Burger, Kaffee oder Kuchen ein Päuschen einlegen. Frankfurt Tourismus bietet zudem Gruppenführungen durch den sich anschließenden Osthafen an.

Der Hafenpark ist durchgehend geöffnet.

Station **Frankfurt-Louisa**,
S-Bahn-Linien S3, S4

WALDSPIELPARK LOUISA
Mörfelder Landstraße
60598 Frankfurt

www.frankfurt.de

100 FRANKFURT **WALDSPIELPARK**
Spielen im Lustgarten

Was heute nur noch als S-Bahn-Station genutzt wird, war mal ein richtiger Bahnhof. Von ihm fuhren ab 1876 Personenzüge von und nach Offenbach, die den Reisenden einen Anschluss an die Main-Neckar-Bahn ermöglichten. Diesen Service gab es fast 20 Jahre lang. Mit Eröffnung der S-Bahn-Linien S3 und S4 im Jahr 1997 wurde der Personenverkehr in Frankfurt-Louisa eingestellt. Nun kann man die Station vor allem nutzen, um den nahegelegenen Waldspielpark mit seinen Wasserspielen, dem Planschbecken und der großen Holzburg zu besuchen. Dafür geht es vom Bahnhof aus durch die Unterführung und dann rechts Richtung Mörfelder Landstraße. In diese biegt man links ein und läuft sie etwa 100 Meter entlang, bis es links in den Waldspielpark geht.

Er liegt im rund 20 Hektar großen Park Louisa, benannt nach Louise Friederike Boode, der Ehefrau des Bankiers und Diplomaten Simon Moritz von Bethmann. Er ließ 1812 westlich vom Bahnhof einen Englischen Landschaftsgarten anlegen, den er seiner Frau widmete. 1941 kaufte die Stadt das Areal, 1954 wurde der erste Frankfurter Waldspielpark auf der Fläche des Bethmannschen Lustgartens eingerichtet. Bäume wie die mächtige Hängebuche auf einer der Anhöhen, auf der früher ein Jagdhaus stand, zeugen noch heute davon.

Ein Rundgang durch den Park Louisa lohnt sich ebenfalls. Dort trifft man unter anderem auf einen Teich und auf das Bronzestandbild eines Pferdes. Simon Moritz von Bethmann ließ seinem Lieblingspferd Eclipse dort ein Denkmal setzen.

Der Park inklusive des 35 Zentimeter tiefen Wasserbeckens ist frei zugänglich. Die Spielgeräte sind für Kinder bis 12 Jahre geeignet. Wann die Wasserspielanlage in Betrieb geht, steht zu Saisonbeginn auf der Internetseite der Stadt.

Bahnhof **Lochmühle/Saalburg**, RB/RE

FREIZEITPARK LOCHMÜHLE GMBH
61273 Wehrheim

www.lochmuehle.de

Freizeitpark Lochmühle

Richtung Römercastell Saalburg

101 WEHRHEIM **LOCHMÜHLE**
Karussellfahren auf dem Bauernhof

Die Lochmühle ist kein typischer Freizeitpark mit hochtechnisierten Attraktionen, an denen man Schlange stehen muss. Auf dem 16 Hektar großen Gelände am Eingang des malerischen Köpperner Tals geht es entspannter zu. Man merkt, dass die ehemalige Getreidemühle mal ein Bauern-, dann ein Reiterhof war und sich in den vergangenen Jahrzehnten langsam entwickelt hat. Entsprechend liebevoll und abwechslungsreich sind die rund 150 Fahrgeschäfte und Spielgeräte, wie die Helikopterbahn, die Riesenrutsche oder das Entenkarussell gestaltet, dazu gibt es immer noch Ponyställe, Reitmöglichkeiten und einen Streichelzoo, in dem Schafe und Ziegen gefüttert werden können oder man den Küken beim Schlüpfen zuschauen kann. Der Kontakt zur Natur liegt den Lochmühle-Betreibern besonders am Herzen.

Für Pommes, Schnitzel, Grüne Soße oder Kuchen ist im Restaurant ebenfalls gesorgt, die Besucher können aber auch vorab einen der 50 Grillplätze reservieren und sich selbst versorgen. Und man kann entspannt in einer Dreiviertel-Stunde von Frankfurt aus mit der Regionalbahn anreisen, die direkt unterhalb des Parks hält.

Spannend ist auch der mit dem Römerkastell Saalburg und der Hessischen Landesarchäologie gestaltete Lehrpfad am Limes, der über das römische Leben damals informiert. Und wer gut zu Fuß ist, kann in etwa einer Stunde die 2,8 Kilometer bis zur Saalburg laufen. Von der Lochmühle aus geht es durch eine Unterführung unter der Landstraße hindurch und durch den Wald zu dem am vollständigsten restaurierten Kastell des Limes mit seinen zahlreichen Gebäuden und dem Museum mit spannenden Fundstücken.

Geöffnet: März bis Okt. täglich von 9 bis 18 Uhr, Fahrbetrieb bis 17.30 Uhr.

BILDNACHWEIS

Alle nicht genannten Fotos stammen von Sabine Börchers
ART FOYER DZ BANK Kunstsammlung, Michael Frank, S. 172
Bernd Kammerer, Frankfurt, S. 208
Café Maldaner, Wiesbaden, S. 132
Dampfbahnclub Taunus e.V., Oberursel, S. 112
Deutsche Bundesbank, Nils Thies, S. 80
Deutsches Ledermuseum/Schuhmuseum Offenbach, Corinna Perl-Appl, S. 116
Digital Retro Park e.V., Offenbach, S. 114
Eintracht Frankfurt Museum, S. 76
ernst-may-gesellschaft, Barbara Staubach, S. 150
Frankfurter Bibelgesellschaft e.V., Bibelhaus Erlebnis Museum, S. 72
Fraport AG, S. 78
Frauen Museum Wiesbaden, S. 120
Geschichtsverein Buchschlag, S. 136
Hassia Mineralquellen GmbH & Co. KG, Bad Vilbel, S. 188
Hessischer Landtag, Kanzlei, S. 198
Historische Straßenbahn der Stadt Frankfurt am Main e. V., Verkehrsmuseum Frankfurt, S. 90
Kath. Pfarrei Sankt Margareta, Sieringstr. 1, 65929 Frankfurt, S. 84
Klassikstadt, Bruno Dorn, S. 86
Kobelt-Zoo, Frankfurt, S. 36
Museum Castellum Mainz, Gesellschaft für Heimatgeschichte Kastel e.V., S. 108
Opel Automobile GmbH, Rüsselsheim, S. 196
Palmengarten Frankfurt, Tom Wolf, S. 42
Stadion Frankfurt Management GmbH, Commerzbank Arena Frankfurt, S. 88
Stadt Bad Soden, S. 134
Stadt Frankfurt am Main, Grünflächenamt, Rainer Berg, S. 40
Stadt Frankfurt am Main, Grünflächenamt, S. 210
Stadt Frankfurt am Main, Sportamt, S. 206
Stiftung Bahnwelt Darmstadt Kranichstein, S. 66
Taunus Touristik Service e.V., S. 16, 52, 64
Thorsten Willig, S. 18, 20, 26, 28, 34, 38, 44, 46, 48, 54, 60, 82, 96, 98, 100, 102, 110, 118, 128, 138, 140, 142, 144, 146, 170, 174, 180, 200
Weststadtcafé, Darmstadt, S. 124
Wikimedia Commons, S. 204
ZDF, Mainz, Ralph Orlowski, S. 192
Zeppelin-Museum Zeppelinheim, Jens Schenkenberger, S. 122

DIE AUTORIN

Sabine Börchers kennt Frankfurt und die Region in all ihren Facetten. Die Autorin und freiberufliche Journalistin schreibt seit vielen Jahren über die Stadt, ihre Geschichte und ihre Menschen, etwa über den Palmengarten oder über das Tigerpalast-Varieté. Zuletzt hat sich die Literaturwissenschaftlerin und Kunsthistorikerin in den „101 Frauenorten" mit der weiblichen Seite Frankfurts beschäftigt. Auch darin schaute sie bereits über die Stadtgrenzen hinaus.

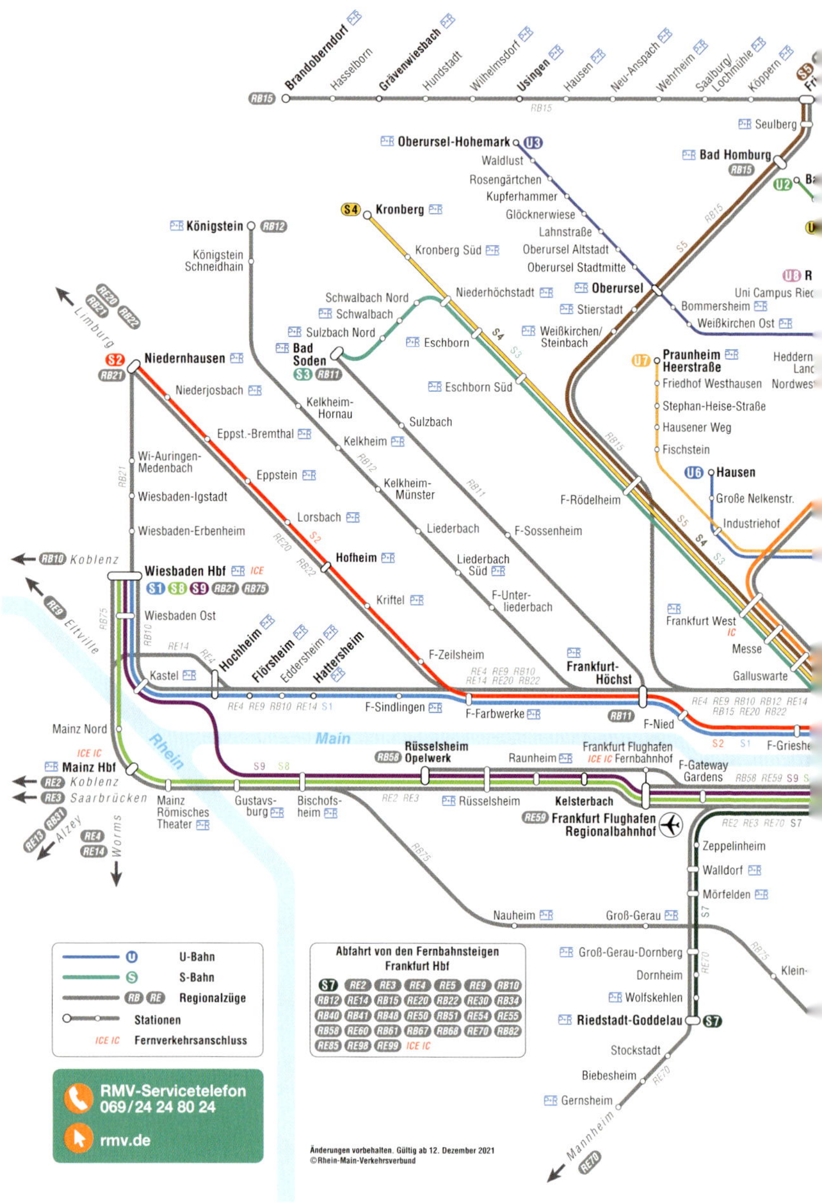

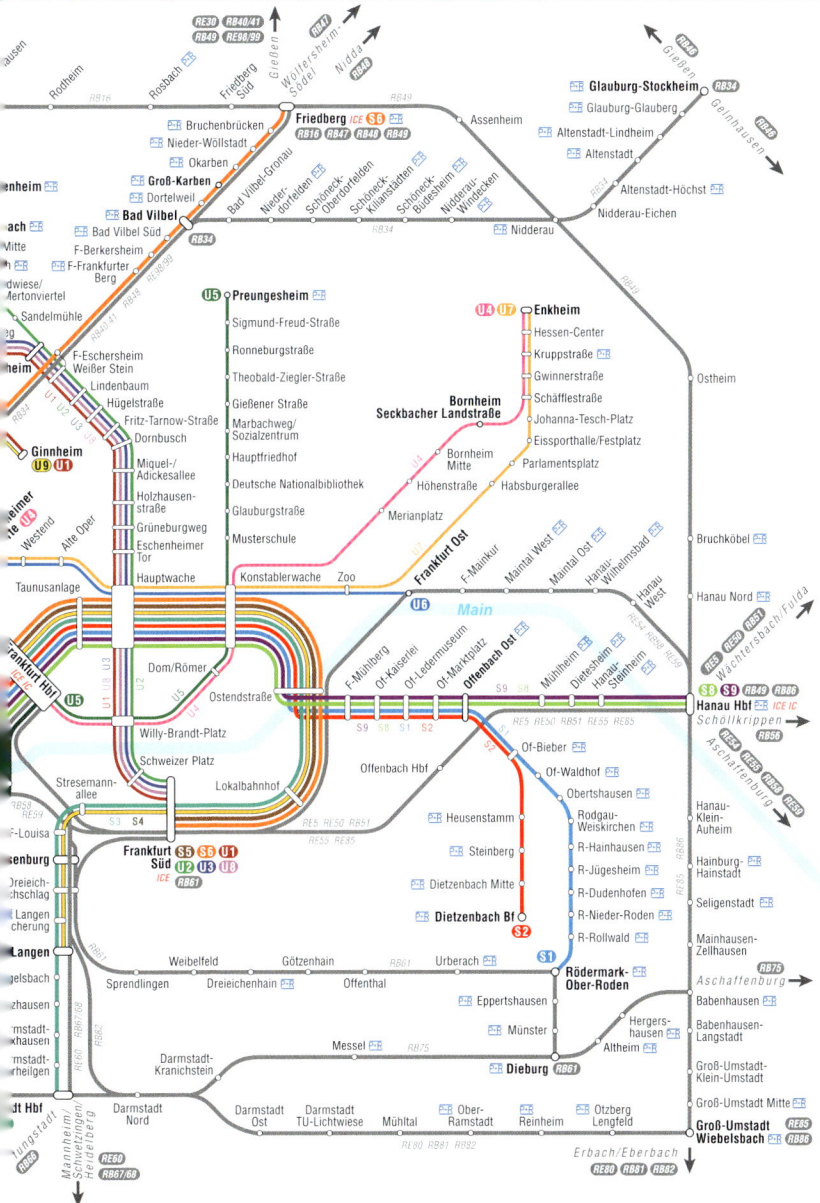

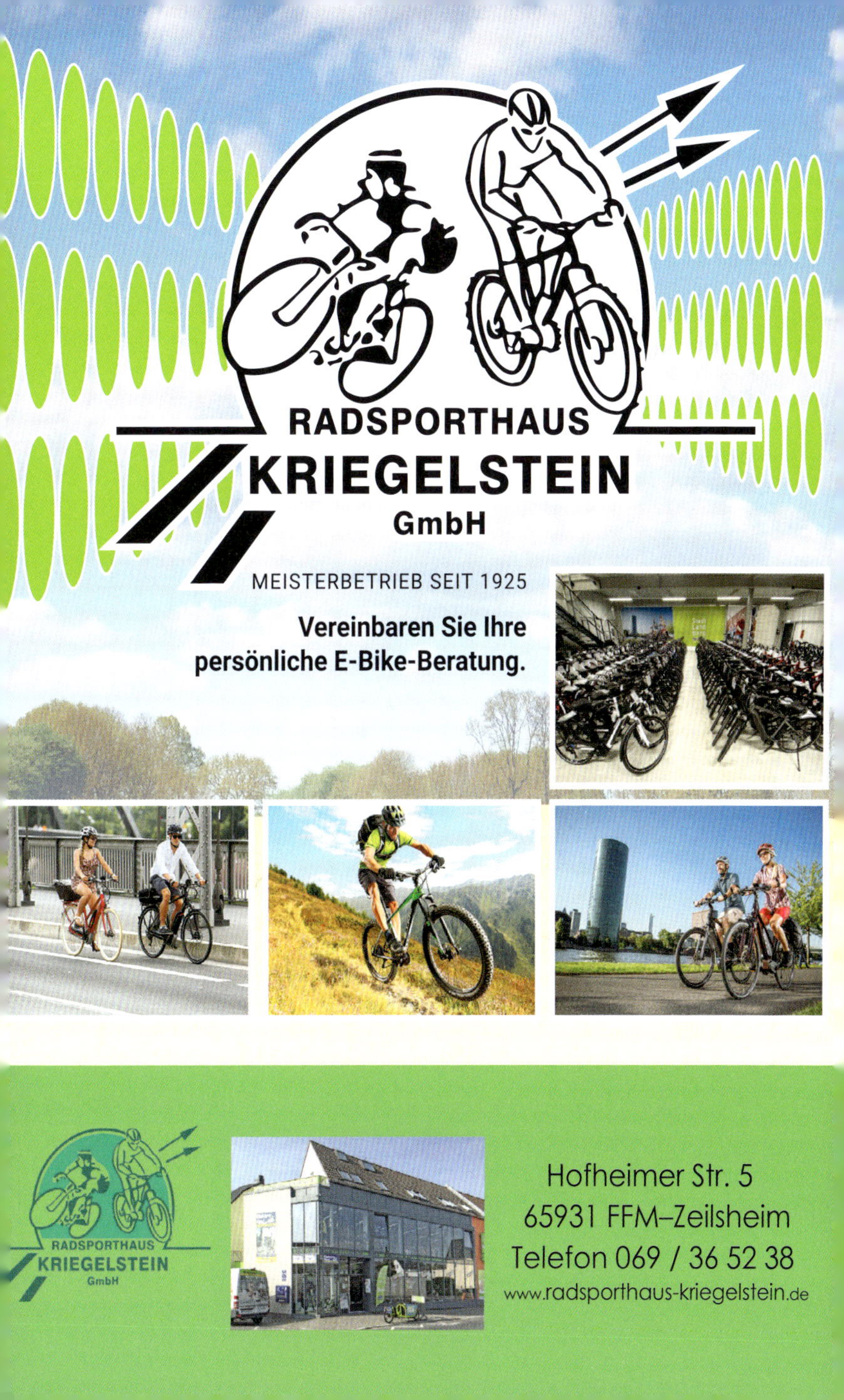

RADSPORTHAUS KRIEGELSTEIN GmbH

MEISTERBETRIEB SEIT 1925

Vereinbaren Sie Ihre persönliche E-Bike-Beratung.

Hofheimer Str. 5
65931 FFM–Zeilsheim
Telefon 069 / 36 52 38
www.radsporthaus-kriegelstein.de